知的生きかた文庫

仕事も人間関係もうまくいく
引きずらない力

枡野俊明

三笠書房

はじめに

やってしまったこと、口に出してしまったことを悔やみ、クヨクヨする。

どうなるかわからない先のことを心配し、オロオロする。

思いどおりにならないことばかりで、心はイライラ、頭はカッカする。


多くの人が抱える心のモヤモヤは、だいたい右の三つに大別されるかと思います。

何かの出来事をきっかけに、こういったマイナス感情を抱えるのはしかたありません。

感情というのは自然にわいてくるものだからです。

けれども、その感情を「引きずる」のはよくありません。

いたずらに長く心にマイナス感情をとどめると、前に進むエネルギーを消耗させてしまうからです。

解決法はただ一つ。

「引きずらない力」を身につけることです。

「前後《ぜんご》際断《さいだん》」

という禅語があります。

道元禅師《どうげんぜんじ》の著した『正法眼蔵《しょうぼうげんぞう》』に出てくる言葉で、原文にこうあります。

たきぎ　はいとなる。さらにかへりて　たきぎとなるべきにあらず。
しかあるを灰はのち　薪はさき　と見取すべからず。
しるべし薪は　薪の法位に住して　さきありのちあり　前後ありといへども
前後際断せり。

薪は灰となるが、灰は薪に戻れない。薪のときは薪、灰のときは灰であるだけで、その前後は際断である。つながっているようで切れている、切れているようでつながっている——。

転じて、「人生はいまこのときを生きることで完結する。過去、現在、未来はつながっているようでいて切れている。過ぎ去ったことにこだわらず、未来のことを心配せず、ひたすら現在を見つめ、いまできることを一所懸命にやりなさい」と読み解くことができます。

そう、道元禅師は、まさに「引きずらない力」の重要性を説いているのです。

どう「前後際断」するか——。

本書ではそのヒントを禅的な視点からご紹介します。

たとえば、**「一つひとつの行為を、心を込めて、ていねいに行なう」**ことです。

わが身を振り返ってみてください。

何かつらいこと、苦しいことがあってクヨクヨしているとき、立ち居振る舞いも言葉づかいも乱れていませんか？

背中を丸め、顔つきは険しく、口から出てくる言葉に覇気はなく……という感じかと思います。

それでは事態は悪化する一方です。だからこそ「前後際断」。

姿勢を正して前を向く。人に会ったら、心を込めてお辞儀をし、大きな声で挨拶する。物をていねいに扱う。気持ちを込めて話をする。食事をするときは、命をいただくことに感謝をする――。形から入って心に至る、といわれるように、そうすれば自然と心を「いま」に集中させることができます。

もう一つ、心がけとして大事なのは、**物事に「執着しない」**ことです。

過ぎたことを悔やんだり、さまざまな欲に取りつかれたり、地位・名声・人気など、自分がこれまで築き上げてきたものを失うことを恐れたりするのは、すべてが「執着」のなせるわざ。いいこと・悪いことにかかわらず、物事に執着すると、そこに必ず「引きずる」力が発生します。だからこそ「前後際断」。

「本来無一物《ほんらいむいちもつ》（人はもともと何も持っていない）」という禅語を声に出してみましょう。このことに気づくことによって、執着によってがんじがらめになった心がスッと解き放たれます。あたかも風に吹かれて空を自由に泳ぐ雲のように。

こうして「引きずらない力」が身につくと、ちょっとのことで怒ったり、ささいなことで傷つかない「心の構え」ができます。

いい意味で「鈍感」になれるのです。また心にマイナスに働く力をプラスに替えることも可能になります。

つまり「引きずらない力」とは、落ち込む時間を最小化し、前向きに生きるための技術、といっていいでしょう。

みなさんがこれを武器に、明るく、たくましく、しなやかに、現代を生き抜いていくことを、心より願っています。

合掌

二〇二四年四月吉日　建功寺方丈にて

枡野俊明

目次

1章

「人間関係」をこじらせない
――怒り、不満、嫉妬……をスッと鎮めるコツ

2章

「仕事」で悩んだらこう考える

——忙しくても、失敗しても、結果が出なくても

3章

心と体の上手な「リセット術」
——今日から「始めたいこと」「やめたいこと」

4章

禅語に学ぶ「切り替える力」

――すっきり生きる、ゆっくり生きるヒント

編集協力／千葉潤子
本文ＤＴＰ／株式会社 Ｓｕｎ Ｆｕｅｒｚａ

1章

「人間関係」をこじらせない

——怒り、不満、嫉妬……をスッと鎮めるコツ

人は人、自分とはすべて違うと考える

―― この前提が人間関係の基本

顔も、体格も、性格も、能力も……何もかもみんな違う

この世の中、一人として同じ人間はいません。同じ親から生まれた兄弟姉妹も、双子でさえも、同じではないのです。それは禅語に、

「宇宙無双日　乾坤只一人（うちゅうにそうじつなく　けんこんただいちにん）」

とあるとおり。宇宙に太陽が二つとないように、私という人間は天地古今——天と地の間にただ一人の存在なのです。

ですから人は自分と違っていて当たり前。容貌や体格はもとより、性格も能力も嗜《し》好《こう》も価値観も、すべてが違います。それなのに、なぜか自分と違う考え方や振る舞いをする人を見ると、あたかもそれが正しくないかのように、「おかしいじゃないか」と不満に思ったり、怒りを感じたりする人が多いのです。

逆にいうと、違いを認めさえすれば、不満や怒りが生じにくくなるのではないでしょうか。「すべての人が違っていて当たり前」と割り切る、それだけで人間関係はずいぶんうまくいくようになるはず。いま流にいえば、それが「ダイバーシティ（多様性）の尊重」につながるのだと思います。

2 頭に来ても無礼者と闘わない

――「怒ったら、自分の負け」と心得る

「それでも怒らない」のが賢明

人の悪口をいったり、バカにしたり、ちょっとしたミスをあげつらったり。失礼な物いいをされると、腹が立つものです。どうしてそんなふうに貶《おとし》められなくてはいけないのかと、自尊心も傷つけられます。あまりに理不尽だと、文句の一つもいいたくなるし、さらに口論、ケンカに発展する場合もあるでしょう。

それでも怒ってはいけません。難しいけれど「受け流す」のが賢明です。

理由は二つ。一つは、非礼・無礼を働く本人は、だいたいにおいてその自覚がない、つまり自分が非礼・無礼な振る舞いをしているとは思っていないからです。そんな人と同じ土俵で争っても、こちらが疲れるだけ。相手にすることはありません。

もう一つは、相手の指摘が正しいことがままあるからです。とくに劣等感や弱みを抱えている人は、痛いところを突かれると、瞬間的に怒りの感情が噴出します。そんなときはなんとか怒りをこらえて、しばし深呼吸。「彼（彼女）のいうとおり、図星だな。怒りは呑み込み、今後の反省材料にしよう」と、気持ちを切り替えましょう。

いずれにせよ、非礼・無礼に対しては「怒ったら負け」と心得てください。

3

人との「違い」をおもしろがる

——「そんな考え方もあるんだな」

〝異質なもの〟が、あなたの視野を広げてくれる

いままで行ったことのない土地を旅行すると、さまざまな発見があります。「こんな風習が何百年も伝えられてきたのか」「この食材にこんな食べ方があったのか」「同じ言葉でも、ここの方言では標準語とまったく逆の意味なのか」「こんな音楽や踊りをいまも楽しんでいるのか」……など、いくら情報量の多い時代とはいえ、実際にそこに身を置いて初めて知ること、経験することはたくさんあります。

そういう〝異質なもの〟と出合ったとき、あなたは「自分の知っている文化とは違う」「自分の土地ではそんな考え方をしない」などと怒りますか？　むしろ「違い」をおもしろがるのではないでしょうか。

人づき合いもそう。世の中には多種多様な人がいます。「ここが違う、あそこも違う」と感じたら、その「違い」を否定するのではなく、おもしろがるほうに気持ちを切り替えてはいかがでしょうか。出会った人の数だけ、自分には持ち得なかった〝視点のストック〟ができるはずです。

人づき合いの妙味は、まさに「違い」をおもしろがるところにあるのです。

4

怒っている人には近づかない

――その人は、コントロール不能です

あなたが怒りっぽい人ならば――

会社にも、家族にも、友人・知人にも、怒りっぽい人がいるかと思います。なかには自分の周囲にやたらめったら〝怒りの地雷〟を埋めているのではないかと疑いたくなるくらい、ちょっとしたことでしょっちゅう怒りを爆発させる人もいるでしょう。

そういう人が一人でもいると、周囲はとても戸惑います。どこに地雷があるかわからず、おっかなびっくりつき合うしかありませんからね。しかもこちらとしてはコントロール不能。「触らぬ神に祟《たた》りなし」を決め込み、距離を置くのが一番です。

ただ誰もが怒りっぽくなることはあります。怒りっぽい人を反面教師に、自分が周囲に怒りをまき散らさないよう気をつける必要があります。

どうすればよいのか。わが身を振り返って考えてみてください。あなたが怒りっぽくなるのは、疲れているときではありませんか？　人間、体が疲れると、どうしたって神経がピリピリするものなのです。

ということは、意識を向ける方向を心から体にスイッチ。体の疲れをほぐすことで、心に生じる怒りの感情をコントロールすればいいのです。とても効果的ですよ。

5

ケンカは売られても買わない

──「その手には乗りませんよ」といなす

相手を〝戦意喪失〟させるヒント

プロレスでは、リングの上で「かかってこいよ」とばかりに指を立て、相手を挑発するような場面をよく見かけます。あれは戦略の一つ。わざと相手を怒らせることで、試合を優位に運ぼうとしているのです。

人間関係においても、似たようなことが起こります。わざと相手がいやがることをする人がいるでしょう？　そうしてケンカを売ることで、自分優位に事を運ぼうとするのです。争いごとはいつだって冷静さを失ったほうが負けです。あるいは相手が怒ったり、こわがったりする、その反応を見て、楽しむような輩《やから》もいます。

いずれにせよ、「売られたケンカは買わない」ことです。カッとなって、同じ土俵に上がると、「待ってました」とばかりにやられます。どんなに挑発されても、「はぁー、はぁー、はぁー、ほぉーーー、そぉーーーですかぁーーー。で？」などと間延びした受け答えをしておくに限ります。

さしもの相手も戦意喪失。さっさと土俵を下りてくれます。ケンカっ早い人には、江戸っ子よろしく「その手は桑名《くわな》の焼き蛤《はまぐり》」を決め込みましょう。

6

「悪口」はいわず、聞かず

——その場からすっと離れるのが得策

自分のまわりに〝褒めの輪〟をつくろう

悪口には〝花が咲く〟ものです。

槍玉《やりだま》に挙げられているのが評判のいい人だと、「え、本当はイヤな人なの？」と興味津々。つい首を突っ込みたくなります。また日ごろから好ましく思っていない人がターゲットにされていると、「よし、自分も参加して〝悪口の輪〟を盛り上げよう」なんて気持ちになるかもしれません。それほど悪口には、甘い蜜の香りがするのです。

けれどもその蜜にひかれて〝悪口の輪〟に参加してはいけません。聞くと、自分も悪口をいいたくなるし、いえば必ずどこかで自分も悪口をいわれることになります。

ですから「悪口はいわず、聞かず」を鉄則にしてください。もし〝悪口の輪〟に参加したくなったら、その気持ちをこう切り替えましょう。

「自分は相手のいいところを探してあげよう。そして〝褒めの輪〟をつくろう」

どんなに「イヤな奴」と評判の人にも、一生懸命探せばいいところは必ずあります。そこを褒めてあげればいい。そうすることで心に生じるモヤが晴れるうえに、相手も気分がよくなるはず。結果、互いの〝いい人度〟が上がるかもしれません。

7

怒りは人知れず吐き出す

——大声で叫ぶもよし、紙に書き出すもよし

気持ちを〝穏やかモード〟に切り替えるコツ

怒りはやたらまき散らしてはいけません。その場の空気がピリピリするし、人間関係がトゲトゲしたものになります。

そういう意味では、怒りはその場で吐き出さずに、呑み込んだほうがいい。ただし呑み込んだ怒りをため込まないよう注意が必要です。適宜吐き出してやらないと、心に怒りが充満し、ささいなことで大爆発を起こしかねないからです。

呑み込んだ怒りは、できるだけ早い機会に「人知れず吐き出す」のが一番です。方法は二つ。一つは「大声で叫ぶ」ことです。たとえば海に向かって「ムカつく〜ッ！　バカヤロー！」と叫ぶとか、山奥などの誰もいないところで、あるいは部屋で大音量の音楽を流しながら不満をまくし立てるなどするといいでしょう。

もう一つは、悔しかったり、ムカついたりした、その「思いの丈を書き出す」ことです。怒りも文字に変換すると、心が落ち着くものなのです。

叫んだり、書き出したりすれば、呑み込んだ怒りはどこへやら。きれいさっぱりなくなって、気持ちを〝穏やかモード〟に切り替えることができます。

8

怒るなら「さっぱり」と

——「ねちねち」が一番よくない

大切なのは、「すぐに」笑顔に切り替えること

烏の鳴き声って、泣いているようにも、人を小バカにして笑っているようにも聞こえます。そんな見立てからか、さっきまで泣いていた子どもが、すぐに機嫌を直して笑う様を見て、「いま泣いた烏がもう笑った」などと囃《はや》し立てることがあります。こと怒りの感情に関しては、烏……ではなく子どもを範とするべきでしょう。

怒られるのが好きな人はまずいません。それも何十分、何時間も小言が続くようだと、反省をうながすどころか、恨みを招いてしまうくらい。怒られるほうとしては、「わかったから、いつまでもねちねち怒らないでくれ。もうたくさんだ！」などと逆ギレしたくもなります。以後、嫌われたり避けられたりすることは目に見えています。

ですから怒るなら、「さっぱり」と。部下なり、子どもなり、友人なりが何かしでかしたら、「その場」で短くパッと怒って、すぐに怒りから笑顔へ、表情を切り替えるよう心がけましょう。そのほうが反省をうながすうえで効果的ですし、恨まれることもありません。また、いつまでも同じことを蒸し返して怒るのは禁物。怒る効果がほぼほぼゼロになるので、注意してください。

9

相手にも言い分がある

——「聞く耳」を持たないと、人が離れていく

〝頭ごなし〟はいけません

「言いわけをするんじゃない！」

これは怒っている人がよく使う言葉の一つです。

なぜ怒られるようなことをしてしまったのか、聞く耳を持とうとしないのです。頭に血が上って、言いわけに耳を傾ける余裕などないのかもしれません。

たしかにどんな事情があろうと、まずいことをしたのなら、潔く一身にその責めを負うべきです。言いわけをするなど、見苦しい態度のように思えます。

しかし場合によっては、「何か事情があるんだろうな」と思いやってあげることも必要です。でないと怒りの対象とされた人は、〝理不尽に怒られている感〟を強くする一方です。たとえば、「君らしくないね。何かあったの？」というふうに「聞く耳」を持ち、一通りの事情に耳を傾けたうえで、落ち着いて諭《さと》してあげるといい。頭ごなしに怒られるより、よっぽど説教が身にしみると思います。

とくにいまはややもすると、怒ること自体がパワハラと判断されかねない時代。「怒ったらおしまい」と自戒するくらいでちょうどいいのではないでしょうか。

10

相手の「立場」を慮る

——そこに歩み寄る余地ができる

「視点」を変えることが、「理解」への第一歩

人にはそれぞれ「立場」というものがあります。しかもそれは、場面ごとに異なります。家庭にあっては、父、母、子などの立場があります。また職場にあっては、上司、部下、同僚、先輩、後輩などの役職や勤続年数に応じた立場があるし、仕事の取引関係では発注する側・される側で立場が異なります。

どんな人間関係にも共通して重要なのは、相手の「立場」に配慮してつき合うことです。そうすると相手の言動が自分にとって受け入れ難いものであっても、立場がそうさせていることに気づきます。たとえば営業先で、きつい条件を提示されたとき、「この人も大変だなあ。会社の利益率を上げることに必死なんだなぁ。でもこちらも丸呑みするわけにはいかない。本音をぶつけて、妥協点を探ろう」

などと考え、相手を理解することから交渉を始められるのです。

このように、相手が何を背負って自分と向き合っているのかを感じ取れれば、その後の交渉や対話を円滑に進められます。そのなかで互いが歩み寄る余地を見いだしやすくもなります。自分から相手へ視点を変えると、ムダな争いが減るのです。

11

勝手に期待しない

——どんな結果でも淡々と受け止める

人に期待するときの〝鉄則〟

「期待してるよ」と声をかけること自体はいい。がんばって欲しいという思いが込められていると、いわれたほうも「よし、やるぞ！」と気持ちが鼓舞されます。その最たるものは、ワールドカップやオリンピックで日の丸を背負って戦うアスリートたち。国民がこぞって期待し、選手たちはその声を自らの力に変えてがんばります。

しかし反面、期待にはプレッシャーを与えてしまう側面があります。それで期待どおりの結果が出ないと、期待したほうは裏切られたように感じるかもしれません。なかには罵詈雑言《ばりぞうごん》をぶつけるひどい人もいます。

そもそも一方的に期待しておいて、結果が出ないだけで裏切られたと思うなんて、勝手すぎませんか？　期待されたほうも「期待してくれと頼んだ覚えはない」といいたくもなるでしょう。結果によっては、互いがイヤな気持ちになることも多いのです。

人に期待するときは、頭から結果を消してしまいましょう。「期待してるよ。全力を尽くしてね」と激励したら、どんな結果であろうと、淡々と受け止めるのみ。「がんばったね」「残念だったね」でいいではありませんか。

12

べったりしない

――「淡交」こそいい人間関係の秘訣

親しき仲にも〝心地よい〟距離あり

初対面で意気投合して友人づき合いが始まる、ということはよくあります。互いの距離が一気に縮まる感じがしますよね。

ただ、だからといって、四六時中、顔を突き合わせているようなべったりしたつき合いに発展させるのはどうでしょうか。私はそうしないほうがいいと思います。

なぜならべったりしたつき合いというのは、互いの心の距離が縮まる分、どろどろした人間関係に陥りやすいからです。たとえば相手が自分の思いどおりに動かないと、「親友なのに、どうして察してくれないんだ」と怒る。あるいは会う回数がちょっと減っただけで、「自分と会うこと以外に大事な用なんてあるの？」と不満を抱く、といった具合にトラブルが頻発するようになり、つき合いが長続きしません。

「あんなに親しくしていたのに、最後は憎み合って、絶交してしまった」なんてことになりかねないのです。それよりもつかず、離れず、ある程度の距離を保つ「淡交」のほうが、つき合いはずっと長く続くものです。「いつもいっしょにいることと親しさはイコールではない」と認識しましょう。

13

「忙しい」のは相手も同じ

――それを決して忘れるべからず

〝忙しい自慢〟は恥ずかしいこと

いまの世の中、忙しい人だらけ。それなのに自分だけが特別に忙しいかのようにふるまう人が少なからずおられます。実際に「忙しい、忙しい」と声に出し、周囲に触れ回る人。誰かに話しかけられると、とたんに「忙しいんだから、近寄るな。これ以上、自分の仕事を増やさないでくれ」と怒り出す人。空いている日を聞かれると、この日は何、この日は何と、スケジュールが詰まっている日を数え上げる人。主張のしかたはさまざまですが、たいがいの人は〝忙しい自慢〟をします。

おそらく忙しくしていることが、活躍していること、人気のあることの証だと考えているからでしょう。ヒマなことを恥と思う人すらいるようです。

本当にそうでしょうか。段取りが悪かったり、進め方が効率的でなかったりして、仕事が遅いから忙しい、という可能性もあります。また便利に使われているだけかもしれません。だとしたら、忙しいと吹聴《ふいちょう》することが、恥ずかしくなってきますよね。

まずは「忙しいのは自分だけではない。ことさらにいい立てるほどのこともないし、それに忙しいことは自慢にならない」と、肝に銘じてください。

14

妙なプライドは捨てる

――その成功は「過去」のもの

5 誇るべきは「いまの自分」

自分自身や自分の行為・仕事にプライドを持つことは、非常に大事です。プライドがあればこそ、自分に恥じない生き方ができます。世のため人のために誠心誠意、仕事に取り組むこともできます。

しかし「妙なプライド」は無用の長物でしかありません。たとえば家柄を笠に着て「庶民とはつき合えないよ」といわんばかりに偉そうにふるまう。実力もないのに学歴をひけらかして「それは自分のやる仕事じゃないね」などとうそぶく。あるいは高齢者だと、リタイアしたあとも若い世代に「私はこのやり方ですごい数字を上げてきたんだ。一大プロジェクトをモノにしたんだ」などと過去のやり方を押しつける。そういったプライドは誇りではなく、傲《おご》りでしかないのです。

その辺をごっちゃにしないよう、妙なプライドが顔を出しそうになったら、こう自分に問いかけてみてください。

「いまのその気持ち、プライドですか？　いま誇ろうとしているその成功、過去のものではありませんか？」と。

15

自分の「正義」に溺れない

――「正しいことをいう」ときほど慎重に

「自分はこう考えるけど、みんなはどう思う?」

誰もが「道理にかなっている」と思える、いわゆる「正論」でさえ、ときに受け入れられないことがあります。「君のいっていることは正論だ。ただ少し現実離れしてるね」というふうに。実際問題、「正論を吐く」人は嫌われることがけっこうあるのです。ましてや自分が個人的に「正しい、これこそが正義だ」と思っている考えや意見など、周囲がどう判断するかはまったくわかりません。正義の解釈は人の数だけあるといっても過言ではないでしょう。

それなのに自分の「正義」を一方的に声高に主張すれば、方々《ほうぼう》から反感を買うこと必至。争いの火種を投げ込むようなものです。そんな事態を招かないためには、自分にとっての「正義」を疑ってかかることが重要です。

まずは「自分はこう考える」「こんないいアイデアを思いついた」と簡単に説明し、「みんなはどう思う?」と意見を求めるのです。そのほうが素直に聞いてもらえるし、ほかの考え方やアイデアも出やすくなるでしょう。何事も多彩な視点から活発に意見交換をするほうが、結果的にいいものが仕上がるのではないでしょうか。

16

もっと「大人」になる

——みんな意外と子どもっぽい

⑤「大人の嗜み」とは、こういうもの

「もっと大人になろうよ」「大人の判断としてはね……」といったいい回しをすることがあります。かみ砕けば、「子どもじゃないんだから、聞き分けのないことをいうな、するな」、あるいは「そんなに我を張らず、空気を読めよ」ということでしょう。

では「大人になる」とは、どういうことか。子どもと対比して考えてみましょう。

たとえば自分の思いどおりにならないと、駄々をこねる……ようなことはしない。

気分にムラがあって、機嫌が悪いと人に当たり散らす……ようなことはしない。

考えが浅く、つまらない失敗をする……ようなことはしない。

配慮が足りず、平気で人を傷つける……ようなことはしない。

その場の和を乱す……ようなことはしない。

どうですか、改めて自己チェックをしてみると、自分には意外と子どもっぽいところがあると気づくのではありませんか?

ひとことでいえば「相手の思いや考え方を尊重してふるまう」のが大人の嗜み。この姿勢があれば、大人同士、互いに歩み寄りながら、いいつき合いができます。

17

もっと「やさしい目」を持つ

——人の短所に目くじらを立てない

5 「和顔施」に努めよう

自分の短所や弱点を指摘されるのは、あまり気持ちのいいものではありません。とくにそこに悪意がひそんでいると、いわれたほうはひどく落ち込みます。相手の身になれば、いかに好感を持てない相手であっても、いちいち目くじらを立てるのは控えるべき。もっとやさしい目で長所を見つけてあげるのがいいかと思います。

とはいえ、指摘してあげたほうが親切な場合もあります。自分の弱みに気づくことが、後々の成長に結びつくかもしれませんから。見出しの「やさしい目を持つ」とは、相手を正当に評価することでもあるのです。

問題は「いい方」でしょう。同じ言葉を投げかけるにしても、笑顔で語りかけるのか、苦虫をかみつぶしたような顔をしていうのかで、受ける印象はまったく違ってきます。笑顔を見れば、相手は心を開きます。逆に仏頂面や怒った顔を向けられると、相手は心を閉ざします。笑顔でないと、せっかくの親切心も伝わらないのです。

仏教では、和顔施《わげんせ》（笑顔）は「無財の七施《しちせ》」、つまりお金のかからないお布施の一つに数えられています。人間関係において〝笑顔の出し惜しみ〟は御法度ですよ。

18

「劣等感」をこじらせない

――卑屈になることなどありません

5 誰かと「比べる」ことをやめる

劣等感のない人はいません。傍目《はため》にどれだけ才能にあふれて見える人にも、人格者と評判の人にも、容貌に恵まれた人にも、劣等感の一つや二つはあります。

それに自分にとっては劣等感を覚えることであっても、人から見れば「どうしてそんなことに劣等感を持つのかわからない」という場合も少なくありません。

たとえば知り合いの俳優さんは一九〇㎝と長身で、そこに劣等感を抱いていたといいます。「あと十㎝背が低ければ、お話をいただける役の幅がもう少し広がるのに」と。そんな悩みは、「もう少し背が高いといいなあ」と願う多くの人からすれば、想像もできないでしょう。

劣等感というのは、そのくらい根拠のあやふやなもの。誰かと、何かと比べてわかったことを「優劣」で判断するから生じる感覚でしかありません。最悪なのは、劣等感をこじらせて卑屈になってしまうことです。

ですからいい加減、もう比べるのをやめましょう。その瞬間、劣等感から卑屈になることも、優越感から傲慢になることもなくなります。

19

「人気」より「人望」を得る

――やがて本当に出世する人の共通点

Ｓ　ＳＮＳの功罪

出しゃばる人というのは総じて〝目立ちたがり屋さん〟です。人の集まるところにはどこにでもしゃしゃり出て、その場を仕切ろうとするきらいがあります。

近年はとくにＳＮＳの進展を背景に、「何か変わったことをして注目され、人気者への階段を駆け上がっていこう」的な風潮が顕著です。〝一億総放送局〟という時代ですから、余計に目立つことをしてでももてはやされたい願望が強くなるのでしょう。

しかし出しゃばる人、目立つ人に人望があるかというと別の話です。逆に「スタンドプレイばかりで、信用ならないなあ」「あれだけ自分を飾り立てるのは、自分に自信のない証拠だよね」などと、あまり評価されないような気がします。さらに自己主張が強すぎることで、周囲の反感を買うことも少なくありません。

それよりも「風貌も言動もいたってふつう」で、自分のやるべきことをきちんと、間違いなくやり続ける人のほうが信頼されます。また実績を積み上げて、やがて大事を成し遂げ、なお謙虚にふるまう人は、多くの人から人望を寄せられます。物事の中核を担いたいなら、行動の第一義を「人気」から「人望」にシフトしましょう。

20

「いい人」の仮面を外す

——そのほうが人間関係はラクになる

〝仮面〟よりも〝素顔〟を大切に

あなたはみんなに「いい人」だと思われたいですか？

だとしたら、それはやめたほうがいい。なぜなら「誰にとってもいい人」になろうとして、接する人ごとに「いい人」を演じ分けなければならなくなるからです。

十人いれば十人、百人いれば百人、千人いれば千人……それぞれにとっての「いい人」は異なります。そんなに大勢の人にとって都合のいいように自分を変えていくなんて、想像しただけでものすごく疲れます。

「怪人二十面相」よろしく、相手に合わせて〝いい人仮面〟をかぶっていると、やがて自分自身を見失ってしまうのです。

すでに複数の〝いい人仮面〟を有している自覚のある人は、すぐにすべての仮面を捨てるべし。そして「私は〝素顔の私〟をつらぬく」と、心を切り替えましょう。周囲だって、しっかりとキャラの立ったあなたと向き合うほうが、「この人はこういう考え方をするんだな。こんな好みがあるんだな。これが得意なんだな」と理解を深めてくれるはずです。

21

人に先をゆずる

——周りから「推される人」になる

競争は「負けるが勝ち」精神で

たとえばエレベーターを乗り降りするときや、列に並ぶとき、よほど急いでいない限り、先を争って前に出ようとはしません。大半の人が「お先にどうぞ」と先をゆずるのではないかと思います。そのほうがつまらないいざこざが起こりませんから。

ただこと仕事になると、少々様相が違ってきます。出世競争にあっては、人を蹴落としてでも上にいこうとする人が相当数います。また企業間競争では、営業の数字を上げようと、ぐいぐい前に出ようとするセールスパーソンが多数派でしょう。「お先にどうぞ」なんて悠長なことはいっていられないのかもしれません。

しかし実際問題、どうでしょう？　会社で出世していく人を見ていると、たいていが自分よりもみんなを後押ししてあげる気持ちが強いように見受けられます。また成績のいいセールスパーソンは、自社・他社にこだわらず、顧客のニーズに合うものを勧める、そのくらい度量が大きいように思います。

結局、人を押しのけてでも前に出ようとする人は、人望が得られない、ということです。みんなを後押しする人が、周りから推される人になるのです。

22

小さなことは〝放念〟する

――たとえば「空」を見上げてみる

"心の天気"の晴らし方

不平不満ばかりいっていると、心に暗雲が広がります。視界がどんどん狭まり、先行きがまったく見通せない、そんな状況に陥るでしょう。広く開放された心持ちを取り戻さないと、ずーっと冴《さ》えない気持ちで暮らすことになります。

では、どうすれば"心の天気"を曇りから晴れへと切り替えられるのか。とっておきの方法があります。それは、どこまでも続く広大な青い空を見上げることです。

私たちはふだん歩くときには足元を見ているし、仕事のときには目線をまっすぐパソコンの画面に向けていることが多いですよね。最近は一日中スマホの画面を見ている人も少なくないでしょう。そう、一日に一度も空を見上げない人が大多数なのです。

そんなふうだから心持ちがどんどん縮こまる一方なのです。だまされたと思って、空を見上げてみてください。「自分はなんてちっぽけな心持ちでいることか。もっと広い心を持たねば」と再認識させられます。と同時に、ぶつぶつと不平・不満をもらしていたことがどうでもいいことのように思えてくるでしょう。

空を見上げることには、心をカラリと浄化する作用があるのです。

23

過去に心を注がない

——大事なのは「いま」しかない

「毎晩死ぬ」という考え方

人はよく「ああすればよかった、こうすればよかった、あんなことをいわなきゃよかった」と悩みます。どんなに悔いたり、悩んだりしたところで、過去に戻ってやり直すことはできないのに、いつまでも自らの過去の所業に傷つけられてしまうのです。

そんなふうに過去への執着が断ち切れない人は、「自分は毎日死ぬ」という考え方を取り入れてはいかがでしょうか。

室町時代だったか、ある高名な禅僧に「毎晩、自分のお葬式を営んだ」方がおられます。「今日の自分は死にました」と、毎夜毎夜、今日の自分を葬《ほうむ》ってあげることによって、過去をも〝亡き者〟にしたわけです。

ここまでやると、過去への執着が断ち切れるのではないでしょうか。

禅では常に「いまを生き抜く」ことだけを考えます。「過去は過ぎ去るのみ。人はいましか生きられない」とし、いまを生きることを「一大事」と表現します。

誰しも、いろいろ失敗したり、後悔したりすることはあるでしょうけど、反省することで過去を弔《とむら》えば、その経験が将来の糧になるのです。

24

「外見」を気にしない

——人は思うほどあなたを見ていない

どうせなら、〝味のある〟外見を目指してみる

若い人はもとより、中高年の方のなかにも、外見を気にしすぎではないかと思える人がたくさんいらっしゃいます。もちろん外見はおろそかにするべきものではありません。人に不快感を与えぬよう、身だしなみや表情に気を配ることは大切です。メイクやお手入れを入念にし、弱点をカバーする努力をすることもある程度は必要です。

ただ、たとえば顔が大きいだの長いだの、目が小さい、鼻が低い、足が短いなど、自力でどうにもならない遺伝的要素まで気にするのはいかがなものでしょうか。あるいは加齢とともに訪れる衰えを人為的に止めようと躍起になるのもどうかと思います。

外見の悩みにとらわれている人は、まず「自分は人に見られている」という前提を外し、「人は思うほど自分を見ていない」現実に気づきましょう。そうすれば自然と、「人にどう見えるか」を気にすることにあまり意味がないとわかります。また「外見ばかり磨いても、中身が空っぽではしょうがない」とも思えてきます。

中身のある人は年齢を増すごとに、顔に味が出てくるもの。それを魅力とするよう心がけましょう。〝外見由来のストレス〟がずいぶん軽減されますよ。

25

「当たり前」ほどありがたいものはない

――失って初めて気づくようでは遅い

当たり前の幸福に気づく「四馬」の教え

私たちは息をして生きていますが、「空気はありがたい」と感謝することはまずありません。健康もそう。「病気になって初めてそのありがたみに気づく」ものです。もっといえば人間の存在も同じ。親や友人などの大切さ、ありがたさに、亡くして改めて感じ入ることはよくあります。いずれも「あって当たり前」と思っているからです。

しかし本当は、常日ごろから「当たり前ほどありがたいものはない」と認識し、その当たり前を失うまでもなく大事に感じて生きていかなくてはいけません。「当たり前にある幸せは、当たり前ではないんだ」と意識を切り替えることが大切なのです。

お釈迦《しゃか》さまの教えに「四馬《しめ》」の話があります。これは、鞭《むち》に対する馬の感度に譬《たと》えて、人間の無常を説いたもの。「一番賢い馬は鞭の影を見て、二番目は鞭が尻尾に触れるか触れないかで、三番目は鞭が当たってから、四番目は鞭を骨身の痛みに感じてから走り出す」と説いています。鞭を人の死ととらえると、「自分を含め、人はいつ死ぬかわからない。そのことを常に頭に置き、いまある当たり前の幸せに感謝し、自身の一生を大切に生きていきなさい」と解釈できます。尊い教えですね。

2章

「仕事」で悩んだらこう考える

――忙しくても、失敗しても、結果が出なくても

26

失敗を「甘受」する

――仕事は単なる「人生の一部」

失敗するのは、挑戦している証拠

仕事でもプライベートでも人生全般、失敗しない人はいません。もしいるとするなら、その人は何も行動していない、生きていないも同然の人です。

逆にいえば、「失敗するのは、人間が生きている証拠」なのです。仕事においてはむしろ、「たくさん仕事をする人ほど、失敗が多い」といってもいいくらいです。

失敗したら、それまでのこと。どんなに落ち込んだところで、事態は何も変わりません。そんな不毛な時間はちゃちゃっと切り上げ、

「失敗は過去のこと。修正がきかない」

と思考を切り替えましょう。

そのうえで「なぜ失敗したか」「どこがいけなかったのか」をよく反省すればいいのです。そうして問題点を抽出し、同じ失敗をくり返さないように改善策を立てることができれば、失敗は将来の糧になります。人間として成長するし、仕事も前進します。

必要以上に失敗を恐れず、でも失敗しないように用心することも忘れず、仕事を進めていくことが大切です。

27

「不完全」で当たり前

――「抜けている」くらいでちょうどいい

〝完全主義〟はくたびれるだけ

何事であれ、取り組むときは「よし、完璧にやろう！」と意気込むものです。それはいいのですが、あまりにも「完璧」にとらわれると、自分も周囲も大変な思いをします。

なぜなら「わずかな落ち度もあってはならない」と、常に細部にいたるまで目を光らせなくてはいけないし、「ミスをしてはいけない」と緊張するあまり、体にムダな力が入ってしまい、心身ともに非常にくたびれるからです。

「少し体がかたくなっているな」と感じたら、意識して肩の力を抜き、深呼吸の一つでもしてみましょう。そしてこう考えるのです。

「ベストを尽くす、それでいい」

すると、瞬時に心身がリラックスモードに切り替わります。自分をがんじがらめに縛っていた〝緊張の糸〟が緩み、心地よい緊張感に変わるのです。

どんなに注意していても、どこか欠けたり、抜けたりする、それが人間らしいところだという見方もできます。抜けがあったらやり直せばいいではありませんか。

28

仕事を「半分」に減らす

――〃パンク〃しては意味がない

⑤自分の「キャパシティ」とよく相談を

いつもたくさんの仕事を抱えている人がけっこうおられます。どうしてそうなってしまうのか、おもに二つのパターンがあります。

一つは、頼まれると断れず、どんどん抱え込んでしまうというもの。

もう一つは、仕事が遅いために、いつの間にか仕事がたまってしまうというもの。

いずれの場合も大事なのは、自分自身のキャパシティを知ることです。そのうえで「もうキャパが七割近くきたな」と思ったら、これ以上新しい仕事は受けないと決めたほうがいい。何も恥ずかしくはありません。SOSを発信しましょう。

仕事が速い・遅いに関係なく、自分のキャパを超える量を抱えると、やっつけ仕事をするようになります。こなすだけで精いっぱいで、仕事の質が落ちるのです。余裕があれば百%の純度で仕事ができるのに、いっぱいいっぱいだと少なく見積もって三割方薄まります。また無理をすることで、ミスの生じる確率も高まるでしょう。

目安として、「半分減らす」感じがちょうどいい。無理を重ねて体調を崩したり、精神的に追い詰められたりしては意味がないのです。

29

やるだけやって、あとはお任せ

――そんなスタイルが一番いい

5 大前提は「人事を尽くす」こと

仏教では昔から「仏さまに任せ切る」といういい方をします。お百度参りみたいなもので、とりあえず自分はやるだけのことをやる、あとはもう自分の裁量でどうなるものでもないから、仏さま、よろしくお願いしますよ、ということです。

別の慣用句でいうなら「人事を尽くして天命を待つ」ですね。

何事も全うするには、努力が必要です。努力をせずして、自然にいい結果が出ることなどありえません。ですから〝あとは仏頼み〟にせよ、自分にできるギリギリまで努力することが大切なのです。

どこまで努力してもキリがない、といえばキリがない。どこかで「もうやり残したことはない」と判断し、自分で「ここまで」と決めなければなりません。そうと決めたら、「まだ何かできることがあるかな」「まだ努力が足りないかな」などと未練たらしく考えるのはすっぱりやめましょう。すべてを天に任せたらいいのです。

限界まで努力を続けたあなたを、天は絶対に見放しはしません。それがいつかはわかりませんが、やがていい結果が出ると信じましょう。

30

迷ったら「出発点」に戻る

——それが鉄則

「仕事の目的」、忘れていませんか？

山登りなどではよく「道に迷ったら、迷った地点まで戻れ」といわれます。迷ったまま闇雲に進むと、自分のいる位置がわからなくなり、遭難の危険が高まるからです。

仕事も同じ。始めるときにちゃんと目的を設定していても、なかなか数字が上がらなかったり、上司からさまざまな指示が飛んできたり、取引先から無理難題をふっかけられたりするうちに、どうすればいいかわからなくなることがあります。

そんなときはとりあえず、成績のことは脇に置き、同時に〝外野〟の声を頭から遠ざけ、「そもそも自分は何を目的に、どんな思いを胸に、仕事を始めたんだっけ？」と自分に問いかけてみてください。

そうすると、たとえば「一人でも多くの人に、この商品を使ってもらい、満足してもらいたい。笑顔になってもらいたい」というような思いがあったことを思い出すでしょう。数値目標があるにせよ、それだけではない使命のようなものに突き動かされたはずです。そこに立ち返り、目的を再認識することで、再び〝やる気スイッチ〟がオンに切り替わります。迷走が止まるのです。

31

一戦、一戦に集中する

——"マルチタスク"はうまくいかない

お相撲さんに学ぶ「切り替える」ヒント

複数の仕事があると、どうしても追い立てられるようで、焦ります。それで「あれもやらなきゃ、これもやらなきゃ」と、いろんな仕事に手を出し、ちょっとやっては次、ちょっとやっては次、というふうになりがちです。

しかしそれほど中途半端で、効率の悪い進め方はありません。一つの仕事を途中でやめると、次に再開するときに仕切り直さなくてはいけないので、非常に時間がかかるのです。

それよりも「まずこの仕事を終わらせる」と決めて、脇目も振らずに取り組んだほうが、加速度がついて早く仕上がります。ぐーっと集中する分、仕事の出来もよくなるのです。

見習うべきはスポーツ選手でしょう。たとえば相撲では、取り組みを終えてインタビューを受ける力士たちは、たいてい異口同音にこういいます。

「今日は今日。明日からはまた切り替えて、一戦、一戦、戦っていきます」

仕事においては「いまできることに集中する」という心意気で臨むのがベストです。

32

自分のペースをつかむ

――無理には無理が返ってくる

自分にとって「快適なスピード」を知る

仕事は速ければいい、というものではありません。スピードに気を取られ、作業が雑になったり、ミスが多発したりするリスクが高いからです。それではせっかく早く仕上げることができても、やり直し、なんてことになりかねません。何より、心身に無理を強いることになるのも問題です。

かといって、ゆっくりやればいいものができる、とも限りません。時間がある分「もっと、よくならないかな」と、際限なく完璧を求めて迷走することが多いからです。また勢いに乗って、思わぬ力が出るようなことが起こりにくい。結局、徒《いたずら》に仕事時間を長引かせてしまい、やはり心身に無理をさせることになります。

しかも仕事のペースというのは、人によって心地よいと感じるポイントが異なります。スピーディーに進めるのが得意な人もいれば、時間をかけてじっくり取り組むのが性に合っている人もいます。いわゆる「マイペース」が一番なのです。

このマイペースがわかっていれば、無理なく仕事が進められます。「無理には無理が返ってくる」という法則を覚えておくと、心身の調子を崩すこともなくなります。

33

〝踊り場〟をつくる

――できる人は「ひと息入れる」のがうまい

集中力は休むから持続する

山の高いところにあるお寺や神社を訪ねると、しばしば何百段と続く階段が目の前に立ちはだかっていることがありますよね？

けれども休み、休み、上がると、意外と楽にてっぺんに到着します。気が遠くなりますよね？　ほんの少しの時間でも休むことで元気が回復し、上がるスピードもさほど落ちないからでしょう。

何事も休みなく続けると、どうしても集中力が切れて、作業スピードが落ちてしまいます。そうやってがんばり続けるより、三十分とか一時間に一度休みを入れたほうが、高いレベルで集中力を保ちながら作業を続けることができるし、自然と気分転換もできます。体力と〝脳力〟の両方が疲れないよう、うまく切り替えられるのです。

私はビルの階段に設けられている踊り場に見立てて、「踊り場効果」と呼んでいます。

踊り場で一休みすると、体力が回復するだけではなく、上がるごとに変化する景色が楽しめる。これも大きなメリットです。猪突猛進《ちょとつもうしん》するが如く仕事を進めるのと違って、プロセスの要所要所で現時点の状況を確認すると同時に、それまでを見直し、先を見通す余裕ができます。できる人が身につけるべき必須のワザといえます。

34

「ぶる」のはやめる

——かっこいい人ぶる、いい人ぶる、リア充ぶる……

〝化けの皮〟はいつかはがれる

ＳＮＳではここ数年、現実以上に自分をよく見せてアピールする「盛る」行為や、自分の発信する記事の注目度を高めるために「映え」を狙うなど、ある種の虚報が横行しています。さすがに疲れを覚える人も増えてきたようですが、「よく見られたい」欲求は依然として強いように見受けられます。

どんなに盛っても、見栄えをよくしても、素の自分を変えることはできません。いずれ〝化けの皮〟ははがれます。それは、素のままの自分を見せるより、もっと恥ずかしいことではないでしょうか。

すべてにおいて、もう「ぶる」のはやめましょう。どのみち周囲はあなたのアピールを額面どおりに受け取っていないし、そもそもあなたの容貌や振る舞いにさほど注目していません。周囲の目が気になる人は、考え方をそんなふうに切り替えてください。〝かっこいい人ぶる努力〟がいかに虚しいかに気づきます。

何事もかっこうをつけず、自然体で取り組むようになると、自分が自分でいられて、とても楽になりますよ。

35

「準備」に力を込める

――できない人はみな「準備不足」

5 結果は、「始まる前」に決まっている

飲食店でも、何かの施設でも、チケットを買うとき、あなたは券売機の前に立ってから買うものを決めますか？　お金やカードは払う番になるまで出しませんか？

どちらも準備の悪い人。準備のいい人は、券売機の列に並ぶ前、もしくは並んでいる間に何を買うかを決め、すぐに料金を払えるようにしておきます。

とてもささいなことのように思うかもしれませんが、一事が万事、「準備力」の低い人は何事も始まってからでないと動きません。それまでボーッと、何も考えずに時間を過ごすのです。仕事ではこれが「できる・できない」の分水嶺になります。

たとえば会議に臨むとき、「では、会議を始めます」となってから「テーマはなんだっけ？」というのではいけません。テーマにかかわる情報を収集するなど、きちんと下調べをして、自分の意見をまとめておく。最低限、そのくらいの準備が必要です。

一つの課題について、さまざまなパターンを想定して、どんな方向から質問や意見を求められても答えられるように準備する。どんな仕事もそういった準備を十分にしておいて初めて、〝臨戦態勢〟に入れます。結果、実のある仕事ができるのです。

36

朝のバタバタが仕事を乱す

——スタートダッシュで一日が決まる

⑤「一分を惜しんで」早く起きる

「朝は忙しい」という声をよく聞きます。身支度を整え、朝食もそこそこに家を飛び出す人も少なくないでしょう。毎日、そんなことをくり返すうちに、「朝はバタバタするのが当たり前」という意識になっているのかもしれません。

けれどもそれ、当たり前ですか？　ちょっと早起きすれば、かなり落ち着くのではありませんか？　ここは一つ、起きるときの気持ちを百八十度変えてみましょう。「一分を惜しんで寝たい」から、「一分を惜しんで起きよう」というふうに。

実際、朝のバタバタを続けていて、いいことは何もありません。部屋は散らかり放題。忘れ物をしたり、転んでケガをしたりなど、トラブルも多発します。また仕事を始める前から疲れ切って、一日のパフォーマンスが低下することは目に見えています。

そうならないよう、いまより三十分早く起きましょう。余裕を持って出かける準備をすることはもちろん、今日一日の予定をしっかり頭に入れ、どう行動するかをシミュレーションしておくとなおいい。会社に着いた瞬間、スムーズに〝仕事モード〟に入り、アクティブな一日のスタートが切れます。

37

「結果」を二の次にする

――それは〝後から〟ついてくるもの

禅には「結果を出すためにがんばる」という考え方がない

「結果自然成（けっかじねんになる）」という禅語があります。

禅には「結果を出すためにがんばる」という考え方がないのです。目の前にあるやるべきことをやり、その小さな成果を地道にコツコツと積み上げていく。そうすると、自然と後から結果がついてくる。そう考えるのです。

現代では「早く結果を出す」ことが求められます。そのために努力をしたり、工夫をしたりすることを悪いとまではいいません。けれどもあまりにもスピードを偏重すると、無理が生じます。一日の仕事量を増やさざるをえなかったり、収賄とか技術の盗用、データの改ざんなどの不正につながる危険があるからです。

そんなふうでは、早く結果を出すために体力と知力、公正な心をすり減らすのも同然です。結果というのは作為的なものではなく、「自然についてくる」ものであると心得ましょう。

いつの間にか結果が目的化していると気づいたら、すぐに「結果は後から」と、意識を切り替えてください。

38

「正直者」でゆく

——悪事は必ず露見する

S 正直者はバカを見ない

東京オリンピックで一連の不祥事が露見しました。それにつけ企業スキャンダルはなかなかなくならないものだと感じます。

粉飾決算、消費期限や産地の偽装、品質を保証するデータの改ざん・捏造《ねつぞう》、リコール隠し、パワハラ・セクハラ……この種の不正が明るみに出るたびに、多くの人が「またか……」とうんざりしているかと思います。

悪いとわかっていても、最初は「少しくらいならウソをいってもいいだろう。バレないようにすればいい」くらいの軽い気持ちでやってしまうのかもしれません。しかしたいていの場合、悪事はどんどんエスカレートしていきます。

もはや「悪事は必ず露見する」と覚悟したほうがいい。というのも時代がコンプライアンスを重視する方向へ進んでいるからです。しかもネット社会では「不正は必ず告発される」のが当たり前。ビジネスにフェアな環境が整ってきているのです。

いまや「正直者がバカを見る」ことは少なくなりました。「正直者がバカを見ない社会」が形成されつつあると、認識を新たにしましょう。

39

「いま」「ここ」で輝く

――「もっと、もっと」が人生を苦しくする

いまいる場所が〝黄金〟に輝くとき

あなたはいまの仕事に不満がありますか?

おそらくかなりの数の人が、「もっといい会社で働きたい」「もっと自分に合う仕事がしたい」「もっと高い給料、高い役職が欲しい」といった不満を抱えているでしょう。「いまいる場所では、自分の持てる力を発揮して輝けない」という気持ちがあるのだと思います。

しかし明言します。それは〝世迷い言〟でしかありません。「大地黄金」という禅語が説くように、「自分がいま置かれている場所で、精いっぱいの努力を尽くすと、その場所が黄金のように輝いてくる」のです。つまり〝黄金の大地〟は外にあるものではなく、自分自身の努力によって磨き上げられるものだ、ということです。

いまの仕事や職場に不満があるなら、まず「自分を輝かせる努力が足りないのではないか」と自分を疑ってください。そう気持ちを切り替えると、いまの仕事にまだまだ努力の足りないところがあると気づきます。そこに新たなやりがいが見いだせるはず。その瞬間、あなたのいまいる場所が黄金に輝き始めるのです。

40

「どっちでもいい」ことに迷わない

――「選んだほう」を正解にする

しいていうなら、「ご縁」を感じたほうを選ぶ

ビジネスでは二者択一、あるいは三者択一で悩む場面が多々あるでしょう。迷うということは、それぞれにメリット・デメリットの両方がある、ということです。だったら「どっちでもいい」。発想を「選ぶ」から「選ばない」に転換しましょう。

仏教にはもともと、物事を二元的に考える、という発想がありません。「AもBもあって当たり前」ととらえます。それを前提に、「A、B両方を踏まえて、真ん中をいきましょう」と結論する。それを「中道《ちゅうどう》の精神」と呼びます。

この考え方を応用して、A、B、C……と選択肢がさまざまあるなら、報酬等の条件は度外視して、ご縁のあるほうを優先して取り組むのがいいと思います。

たとえば二つの仕事を依頼された場合、基本、依頼された順に対応する。後回しになる仕事については、いつになるかを説明し、OKなら対応する。あるいは同時に依頼がきて、紹介者が一方は日ごろからつき合いのある人、もう一方が代理店経由でアプローチしてきた人なら、前者の仕事を優先する。こんな具合にやれば、あとで「選択を間違えた」とモヤモヤすることもなくなります。

41

「与える人」こそ恵まれる

——仕事がうまく回る人のマインド

〝一人勝ち〟なんてありえない

二元論の最たるものは「勝つか、負けるか、二つに一つだ」というような考え方でしょう。かつてビジネスパーソンを「勝ち組」「負け組」などと二つに〝分類〟したのは、それを象徴するような概念でした。

いまは「WIN-WINの関係」が重視されています。勝ち負けをつけようとすると、自分の利益だけを優先することになります。そういう考え方では人間関係がギスギスして、結果的に誰のためにもならないことに気づいたのかもしれません。

その点、仏教は自分より他人に利益を与え、幸福になってもらうことを悦びとする教えです。その根本にあるのは「諸法無我《しょほうむが》」――「この世のすべては関係性のうえに成り立っている」という思想です。

別のいい方をすれば、「人はみな、生きとし生けるものすべてに支えられて、生かされている」ということ。だから他を利することが大事で、そういう「利他」の心を持てば、仕事も人生も、すべてがうまく回るのです。自分を大事に思うなら、まず他人を大切にする。心の方向を自分から他人へシフトしましょう。

42

「単純明快」に考える

――〝シンプル思考〟で事に当たる

5 できる人は〝的〟を外さない

話の上手な人は、どんなに複雑な事柄でも、実にわかりやすくシンプルに伝えます。逆に話の下手な人は、単純な事柄にあれこれ余計な情報を加えて、話をどんどん複雑にする傾向があります。何がいいたいのか、相手に伝わらないのです。

同じことが仕事全般に当てはまります。どんなに複雑そうに見える仕事にも、必ず「ここを押さえればＯＫ」というポイントがあります。そこを中心に全体を俯瞰《ふかん》すると、自分は何をやるべきかが見えてきます。

その際、損得勘定はしないのが鉄則です。得することをやろう、損することは避けようなどと考え始めると、頭がこんがらがって、どうしたらいいかがわからなくなってしまうからです。

とりわけリーダーの立場にある人は、〝シンプル思考〟が求められます。常にやるべき仕事のポイントと、自分たちが進む方向性をしっかり指し示し、導いていかなくてはいけません。そうして部下に大きな失敗をさせないことが、リーダーの大切な役割なのです。

43

「野心」を封印する

——「敵」をつくると、しっぺ返しを食らう

5 理想は「切磋琢磨の関係」

大志を抱くことに否やはありませんが、「野心」と聞くと、私はちょっとイヤな感じがします。言葉の由来をひもとくと、「山犬や狼の子は人に飼われても馴れることはなく、飼い主を害しようとする荒々しい心を持つ」ことを表わすそうです。

そのせいか、野心に燃える人は自分が出世したり、大金を得たりするためには手段を選ばないところがある、という印象を受けてしまうのです。たとえば人を蹴落としてでも出世するとか、自分の利益のためなら人が傷ついても意に介さないというふうに。それでは好んで「敵」をつくるようなものです。

だとしたら、野心は封印したほうがいい。自分本位に行動して人を傷つければ、「悪因悪果」。すぐに、自分自身も傷つけられます。〝嫌われ者〟になり、信用を失い、孤立無援になるのは目に見えています。

それよりも「志を高く持つ」ことを意識し、同じ志を持つ人と、切磋琢磨の関係を構築するのがいい。互いに励まし合って実力を、ひいては人間性を磨き上げるのです。野心などなくとも、志があれば、仲間とともにすばらしい仕事を成し遂げられます。

44

いい本をたくさん読む

――そこには「賢人の知恵」が詰まっている

悩みの〝突破口〟が見えてくる

仕事で困った問題が生じて悩ましいとき、とても本を読む余裕はないかもしれません。しかし頭を抱えていれば、問題は解決しますか？

しませんよね。解決の糸口をつかみ、行動を起こさなければ、事態は滞るだけでしょう。そういうときは気分転換も兼ねて、本を読むことをおすすめします。

人類の歴史が積み重なったいま、本当にたくさんの本が手軽に読めます。三千年も前の賢人の知恵が詰まった古典から、過酷な状況を生き延びた人たちのドキュメンタリー、社会に大きな利益をもたらした偉人たちのサクセス・ストーリー、最先端の科学や技術をわかりやすく解説した書、さまざまな時代の社会を映し出す小説……。自分ひとりの人生では経験しえない、ありとあらゆることを本は教えてくれます。

仕事で困ったときも、一冊の本が突破口を開くヒントを与えてくれる、なんてことはよくあります。加えて日ごろから、好奇心の向くままに多くの本を読んでいれば、知らず知らずのうちに豊富な知識・情報が身につきます。悩みを解決するための武器を持つことができるのです。

45

忙しいときこそ「規則正しく」

――「余計なこと」を考えない極意

私の「二割増し仕事術」を紹介します

私は住職を務める傍《かたわ》ら、庭園のデザインや講演、本の執筆など、いろいろな仕事をしています。コロナ禍が一段落してからは、また海外に行くケースも増えました。そのせいか、いろんな方から「忙しいですね」と声をかけていただきます。

ただ自分自身はさほど追い詰められている感じはしません。なぜなのか。理由はおもに二つあります。一つは、仏教流にいうと、「生活に箍《たが》をはめている」からです。

朝の起床から、坐禅、読経、掃除、食事などのお寺の作務《さむ》はもとより、ほかの仕事もすべて、何時に何をするかを決めているのです。おかげで余計なことを考える必要がなく、時間がきたらやるべきことをきちんとやるのみ。忙しさはありません。

もう一つは、「自分の能力の二割増しくらいで仕事を請け負う」ようにしていること。三割になると負担が大きすぎますが、二割くらいだと、「よし、やってやるぞ」という心意気がわき出てくるのです。結果的に、忙しさも感じずにすみます。

みなさんも忙しさに押しつぶされそうになったら、規則正しい生活を心がけ、〝二割増し仕事術〟を試してみてください。多忙による行き詰まり感から解放されます。

46

尊敬する人のそばにいる

――〝魔の誘惑〟から心を守る方法

5「あの人のようになりたい」という気持ちを大切に

あなたには「あのようになりたい」とあこがれ、尊敬する人物がいますか？そういう人のそばにいることは、とても大事です。「薫習《くんじゅう》」という禅語があるように、その人の立ち居振る舞いや仕事に対する姿勢、考え方など、すべてを吸収し、本当にその人のようになることができるからです。

ちなみにこの禅語は、衣をしまうときに使う「防虫香」に由来するものです。このお香を畳紙《たとう》に包んで入れておくと、その香りが衣に染み込むでしょう？　衣自体に香りがなくとも、お香の香りが自然と移ることを意味します。

いまは残念ながら、たとえば「師匠の家に住み込み、生活をともにすることで、仕事だけではなく生き方のすべてを教わる」ようなことは少なくなりました。それでも尊敬する人のそばにいることはできます。また実際にそばにいるのは無理でも、映像や講演会、書物などを通して始終触れ合うことは可能です。

どんなに大物でも、高嶺の花だなどと思わないこと。いろいろ工夫して、自分から距離を縮めて「師と仰ぐ」ことが大切なのです。

47

「得意なこと」に注力する

――「苦手」の克服は、不要

誰もが何かの〝スペシャリスト〟になれる

大多数の人が、すべてにおいて「平均点以上」であることを望んでいるのではないでしょうか。だから「苦手を克服したい」気持ちが強いのかもしれません。

もちろん一人前の社会人として生きていくには、平均点以上の学力・知識を有しているのが望ましい。とはいえそれが必要とされるのは中学校、せいぜい高校まででしょう。そこから先は自分の得意をどんどん伸ばしていくことに注力したほうがいい。

一方で、苦手は克服する必要がない。私はそう思います。

というのも、苦手なことで人並みの結果を出そうとすると、それを苦手としない人の何倍も努力しないと追いつけないからです。数値化すると、「十の努力で、やっと七か八の結果が出る」といったところでしょうか。ならばもう苦手を克服するのはあきらめて、得意な人に任せたほうがいいでしょう。

その点、得意なことなら、「十の努力で、十二、十三の結果が出る」はず。苦手の克服に向けていた力をこちらに注力すれば、得意にどんどん磨きがかかるではありませんか。そこに気づけば、ジェネラリストからスペシャリストへの道が開けます。

48

安易に「限界」をつくらない

——「あと一歩」が結果を変える

5「百尺竿頭進一歩」という教え

得手・不得手は、誰にでもあります。「なんでもできる」人はいません。同様に、「何もできない」人もいません。

ただ謙虚なのか、自己肯定力が低いのか、「胸を張って得意といえるほどの能力はない」というふうに、自分で自分を見切っている人は少なくありません。

もっと自信を持ってください。あなたが「得意といえるほどではない」と思っている能力だって、磨けば光るものなのです。得意なことで成長できるかどうかは、ひとえにまだ原石の状態にある能力を磨くか磨かないかにかかっているのです。

自分で自分の限界を安易に決めてはいけません。「もう限界だ」と挫けそうになったら、「いや、ここがスタート地点だ」といいかえてください。

実際、人間は死ぬまで成長します。私たち禅僧は「百尺竿頭進一歩（ひゃくしゃくかんとうにいっぽをすすむ）」という禅語とともに「修行に終わりはない」と教えられます。悟りを得た先にまだ、市井《しせい》に戻ってそれを伝えていくという終わりなき大事な務めがあるからです。「死ぬまで限界をつくらない」と、覚悟を決めましょう。

49

「空っぽの心」で取り組む

――「何のためにやるのか」も忘れるほどに

Ⓢ誘いには「たまにつき合う」くらいがちょうどいい

〝SNS社会〟の進展を背景に、ここ二十年くらいの間に、たくさんの人とつながれるようになりました。

そういう知り合いのなかには、「リアルで会ったことがない」人も大勢含まれるでしょう。それがたとえネット上だけのつき合いだとしても、「人づき合い」の範囲は国境を超えて、とてつもなく広がっているのではないかと推察します。

あなたも「もうつき合い切れない。でもせっかくつながれた縁を切るのも忍びない」と悩んでいるのではありませんか？　あんまりつき合いがいいと、たとえば「〝友だち〟の発信にコメントしたり、メールに返信したりするだけで、膨大な時間を使ってしまった」なんてことになりかねませんから。

ここは思い切って、整理しましょう。SNSなら「基本、メッセージにコメントするのはやめる」、リアルのつき合いなら「誘われても、気が向かなければ断る」などと決めればいいのです。リアクションが少ないからと切れてしまう縁なら、それだけの縁だったということです。人づき合いがいいことと、振り回されることは違います。

3章

心と体の上手な「リセット術」

——今日から「始めたいこと」「やめたいこと」

51

物、物、物の生活から脱却する

――不用品は〝心の空間〟まで狭くする

❺仕事のパフォーマンスは片づけから

物に埋もれて暮らしている人は相当数おられるでしょう。

たとえばめったに着ることのない洋服が、整理されずクローゼットや箪笥《たんす》にあふれている。洗濯物が取りこまれたまま、部屋に山と積まれている。

あるいは「必要もないのに、うっかり買ってしまった」物が、ほとんど使われないまま〝部屋のどこか〟に放置されている。引き出物などのいただき物が、押し入れに何年、何十年も眠っている。

そういった物の占める面積は、もしかしたらかなり高い割合で、地代・家賃を食っているかもしれません。だとしたら、その〝ムダな出費〟が家計を圧迫し、あなたや家族の運気を下げる危険すらあります。

「住まいにたまった不用品は、厄介事となり、心の空間をも占拠する」

仏教では、そんなふうに考えます。

心が不自由で身動きしづらくなれば、仕事をはじめとするさまざまな場面でパフォーマンスが落ちるのは自明の理。一日も早く〝不用品の山〟から脱出してください。

52

「あるもの」で暮らす

——「買わされる生活」はもうたくさん

〝売らんかな攻勢〟をかわす

いまの世の中は「商業主義」が席巻しています。

テレビをはじめネット、雑誌、新聞などが発信する情報の多くが、広告がらみ。その〝売らんかな攻勢〟はすさまじいばかりです。

そうやって売り込まれる商品・サービスのすべてに目をつむりなさいとはいいません。どうしても必要な物なら、広告を参考に、自分にとってより使い勝手がよさそうで、値ごろ感のいい商品を選ぶのはいい。

けれども、取り立てて欲しい物も、利用したいサービスもないのに、漫然と広告を見ては、安易にポンポン買ってしまうのは感心しません。とくにネット通販は「ポチッとクリックするだけで購入できる」手軽さがあるので、衝動買いをしがちです。

たとえば「安いから、とりあえず買っておこう」とか、「流行っているなら、買っておかなくては」「あったら便利だから買おう」といった具合に。

こういう買い物のしかたはクセになります。広告に踊らされないようにしましょう。「あってもいいものは、なくてもいいもの」だと心得てください。

53

呼吸を「深く」する

――心が安定する最良の習慣

邪気を「吐き切る」のがポイント

私たち禅僧は日常的に、坐禅を通して深い呼吸をしています。

ポイントは「吐く」こと。ゆっくり時間をかけて少しずつ、細く長い息を吐きます。最後は臍下《せいか》丹田《たんでん》というへそのすぐ下に落とし込んでいく感覚です。坐禅でいえば、「邪気をすべて吐き切って、次の瞬間、自然と大きく息を吸って新しい空気を胸いっぱい入れる」

ということです。

大事なのは「病気などを起こす悪い気である邪気と、天地に漲《みなぎ》っている公明な正気を入れ替える」こと。坐禅が難しければ、椅子に座ってやっていただいてもいいし、立って深い丹田呼吸する要領でもかまいません。

この深い呼吸を数回くり返すと、心身にエネルギーが満ちてくることを実感します。

医師によるとそれは、血管がゆるみ、血流がよくなるから。加えて脳がリラックスしていることを示すα波が出る、幸せホルモンのセロトニンが分泌されるなど、非常に気持ちよくなるといわれています。

54 楽観的にゆく

――「まぁ、どうにかなるさ」と考える

⑤仏教流「問題解決法」とは

何か大変な問題が起きたとき、悩んだり、心配したり、いくらジタバタしてもムダです。なんとかならないものはなりません。

しかし自分に起きる問題は、たいていの場合、なんとかなります。

矛盾するようですが、なんとかなるか、ならないかは、気の持ちようで決まる、ということです。では具体的に、どのように気持ちを持っていけばいいのか。

まず「なんとかしよう」という思考をストップさせます。それにより、「どうしてこうなったんだ」とクヨクヨしたり、なんとかせねばとあわてたり騒いだりするジタバタも止まります。そうして心が落ち着いたら、前を向いて大きな声でいいましょう。

「なんとかなるさ」――。

あとはクリアになった頭で、少しでも事態がよくなるよう、できる限りのことをするのみ。努力を続けていれば、やがて起死回生の機は熟します。

仏教流にいえばそれは、「努力という因が、チャンスという縁を結ぶ」ということです。何があっても楽観的に前を向いて努力すれば、必ずチャンスをつかめます。

55

「邪気」をブロックする

——上り調子のときこそご用心

江戸幕府に学ぶ、心の〝護身術〟

徳川三代将軍・家光は、江戸の鎮護・天下泰平を祈念して、東西南北と中央の五箇所を選んで、「五色不動」を割り当てたとされています。

目白不動尊、目赤不動尊、目青不動尊、目黒不動尊、目黄不動尊……目の色の異なるこれら五つのお不動さんが、泰平の世を乱そうとする〝不届き者〟に睨《にら》みをきかせていたのです。

加えて、陰陽道で鬼が出入りするといわれる方角の鬼門と、その反対側の方角の裏鬼門には、神社を置くなどして、念には念を入れて「邪気」をブロックしていました。

こういう考え方は現代社会ではすっかり忘れられていますが、だからこそ「邪気を寄せつけない」ための心の備えを意識したほうがいい。というのもいまは、少し油断すると、どこから「邪気」が忍び寄ってくるかわからない時代でもあるからです。

とりわけ上り調子にある人は、「悪事に利用してやろう」「利益をかすめとってやろう」「いまの座から引きずり下ろしてやろう」と、さまざまな悪だくみに巻き込まれがち。心して身を守らなくてはいけません。慎重に行動しましょう。

56

欲望をこじらせない

——本当の豊かさは「知足」にある

5 欲を〝厚着〟すればするほど、心は寒くなる

物欲というのは、放っておいたら際限なくふくらみます。決して満足せず「もっと、もっと」と新しい物を欲しがるのです。お釈迦さまもこういっています。

「執着の強い人は、ヒマラヤの山を黄金で埋めても、まだ満足しない」

たしかに物欲で〝着ぶくれ〟しているような人は相当数います。けれどもどこまで〝欲の厚着〟をしても満たされないとは、なんと心が貧しいことでしょう。

同じくお釈迦さまは、ご臨終を迎える最後の教えとされる『遺教経《ゆいきょうぎょう》（仏垂《ぶっし》般涅槃《はつねはん》略説教戒経《りゃくせっきょうかいきょう》）』という長いお経のなかで、こう書かれています。

「知足の人は地上に臥《ふ》すといえども、なお安楽なりとす。不知足の者は、天堂に処すといえども、また意にかなわず。不知足の者は富めりといえどもしかも貧しし」

つまり、「いまのままで十分だと思っている人は、暮らしぶりがどうであろうとも心は豊かである。一方、どこまでも満足できない人は、どんなにぜいたくな暮らしをしていても心は貧しい」ということです。

「知足」に幸福感を見いだしたとき、すっきりとした心で生きる日常が手に入ります。

57

「流行」に振り回されない

――取り入れるなら〝ワンポイント〟でいい

重視すべきは、「自分らしい」かどうか

ファッションというのは「自己表現」の一つの手段です。私たち僧侶も法衣を身につけることを通して、仏道に精進していることを表現しています。

そう考えると、やたら流行を追いかけるのは、自己表現に逆行するようにも感じます。極端な話、自己表現どころか、没個性の極みととらえることもできます。

そもそも流行とは、洋服をはじめ、物を売るためにつくり出されるものです。毎年変えたほうが、毎年新しい物を買ってもらえる。物を売る会社にはそんな算段があって、「今年はこの色が流行しますよ」とか「今シーズンはビッグサイズの服が流行しますよ」などと情報を発信するわけです。

それを真に受けて、流行を追いかけていては大変です。「去年、大枚はたいて流行の服を買ったのに、今年はもう流行らない」というようなことになりかねないのです。「ファッションは自己主張」と再認識し、自分らしいものかどうかを基準に物を選ぶといいでしょう。流行を取り入れるとしても、ワンポイントにとどめたほうが無難。そのほうが長く愛用することができます。

58

物にも〝命〟がある

――不用品は「捨てる」のではなく「手放す」

「誰かにおすそわけ」の気持ちで

不用品は処分するとして、問題は物にも命があることです。可能なら、その命を永らえさせてあげたい。不用品にも「捨てる」以外の道を見つけてあげたいものです。

その道は大きく二つあります。一つは「譲る」、もう一つは「売る」。「譲る」としたら、とりあえず身近な人にもらってもらえるかどうかを尋ねてみるとよいでしょう。案外、受け取ってもらえるかもしれません。

また「売る」場合は、たとえばフリーマーケットに出品するとか、ネット上のフリマサービスを利用するなど、いろいろな方法があります。なんでもお菓子の箱、ブランドショップの包装紙みたいなものまで売れるとか。試してみる価値がありそうです。

「捨てる神あれば拾う神あり」で、物も自分を必要とする人のもとに置いてもらえるほうが幸せというものです。

「譲る」「売る」がかなわなければ、最後、捨てるしかありません。くれぐれも「ゴミ箱にポイ」なんて軽く扱わず、感謝の気持ちを込めて、きれいにしてから捨てるようにしましょう。それが不用品への礼儀というものです。

59

スマホに〝心〟を奪われない

――依存しすぎると、自分を見失う

「楽しむ」のはOK、「はまる」のはNG

いまや老いも若きも、「片時もスマホを手放せない」人が増えているようです。メールで連絡を取り合う、資料のやり取りをする、フェイス・トゥ・フェイスでコミュニケーションする、ネットで調べものをする……スマホは「もうスマホのない時代に戻れない」くらい便利で大事なツールになっています。

それは誰もが認めるところ。活用するのに否やはありません。ただ、スマホに「使われている」ようだと困ります。自分自身を見失ってしまうからです。

別のいい方をすれば、それは「自分の貴重な時間をスマホにささげている」ようなもの。ゲームにしても「楽しむ」ことを逸脱して、「はまる」レベルまでいくと、スマホに自分の心を乗っ取られているのも同然でしょう。それでいいのですか、という話です。

ゲームに限らず、SNSにしろネットショッピングにしろ、度を越せば「スマホに使われている」状態に陥ります。

身に覚えのある方は、これを機に「あくまでもスマホは使うもの」だと心してください。それがスマホに使われないためのギアチェンジになります。

60

スマホと〝物理的な距離〟を取る

——「いい睡眠」を取るために

スマホにも〝寝床〟をつくってあげる

夜はしっかり眠る。そうすると、朝から元気に活動を始めることができます。そのためにもぜひ改めていただきたいのが、寝る直前までスマホをいじる、という〝スマホ習慣〟です。

そのためにはどうすればよいか。スマホを枕元に置いておくと、ついいじりたくなるので、ここは思い切って、

「夜九時以降はスマホを断つ」

などと決めるといい。

さらにそれを徹底するには、「スマホに近づくのが物理的に難しい」状況を設定する必要があります。たとえばスマホ自体に、「画面を見ない時間を設定する」「通知機能をオフにする」などの制限を加える。あるいは寝る場所から遠く離れたところに、チャージを兼ねた〝スマホの寝床〟をつくるなど、いろいろな方法があります。

もちろん呼び出し音は、オフにしておくのが基本です。スマホも働いてばかりでは疲れるはず。夜は眠らせてあげたほうが喜ぶのではないでしょうか。

61

「ほどほど」を心がける

──現代人は何事も「やりすぎ」ている

「中道の精神」でゆく

仏教は「中道の精神」を重んじます。「何事も極端に偏ってはいけない。ちょうど真ん中くらいのところを意識しなさい」と説いています。

翻《ひるがえ》って現代人はどうでしょうか。働きすぎ、食べすぎ、買い物しすぎ……何かにつけて「やりすぎる」傾向があると見受けます。

たとえば働きすぎがたたって、体調を崩したり、心の病になったりする人が増えています。また食べすぎ、飲みすぎがたたって生活習慣病を招く人がなんと多いことか。

そんなふうに心身の健康を損なわないためには、「もう少しがんばれるけど……」と物足りなく思うくらいで、がんばるのをやめるのがちょうどいい。

心身の不調を感じている人はとくに、何かの「やりすぎ」を疑ってみてください。それで「少し偏っている」と感じたら、自分自身に、「ほどほどに。ほどほどに」と声をかけましょう。

そうして「やりすぎ」を抑えながら、「ほどほど」の感覚がつかめれば、心身に負担をかけてがんばりすぎることがなくなります。

62

すっきり暮らす

――ポイントは「考えない片づけ」

心と部屋の状態は〝合わせ鏡〟

私たち禅僧はみんな、「修行の第一義は掃除にある」と教えられます。信心に励むのはその次のこと。それを「一掃除、二信心」といいます。

なぜ掃除を重視するか。掃除には部屋や庭をきれいにすること以上の意味があるからです。その意味とは「心を磨く」こと。心は直接掃除することができないので、日々の掃除に置きかえて、もっとも重要な修行に位置づけられたのです。

こじつけなんかではありません。実際、掃除をすると、心がすっきりすることは、誰しも経験しているでしょう。心と部屋の状態は〝合わせ鏡〟のようなものなのです。

また「考えない片づけ」とは、物を置く場所、しまう場所をきちんと決めておくことを意味します。その場所に番地をつけると、なおいいでしょう。いちいち「どこに置こうか、しまおうか」と考えるまでもなく、「これはここ」「あれはあそこ」と機械的に片づけることができるからです。

こういった〝物の住所〟は家なら家族全員で、職場なら部署全体で共有しておきましょう。みんなが片づいている空間で、気持ちよく過ごすことができます。

63

「いつもの荷物」を少なくする

——鞄の中を整理整頓

大きな荷物は〝心の重荷〟になる

鞄の中に物をたくさん、ごちゃごちゃに詰め込んでいる人をよく見かけます。私の知人もその一人。どこへ行くにも、いつも大きなスポーツバッグを持ち歩いています。どうやらノートパソコンや事務用品をはじめ下着や靴下、着替えなどの出張セット、傘なども入っているようです。本人は中身の入れ替えが面倒だし、そのバッグがあれば忘れ物がないと安心のようですが、逆に不安を増幅させているようなものです。

なぜなら重い鞄が〝心の重荷〟になりかねないからです。必要な物だけを持ち歩くようにしたほうが、身も心も軽く行動できます。

私自身はふだんから「荷物は極力少なく」をモットーとしています。国内外問わず、どこへ行くにもだいたい頭陀袋《ずだぶくろ》と鞄一つで事足ります。服装も作務衣と決まっていますから、長い出張でも着替えは下着を中心にしたセットが二つもあれば十分。毎日洗濯をして、清潔なものを身につけるようにしています。

いまの時代、いざとなればコンビニなどで、なんでも手に入ります。出張を含めて「いつもの荷物を減らす」ことは、そう難しくないでしょう。実践してみてください。

64

「衝動買い」に注意する

――とくに、ネットショッピング

物を増やさないための鉄則

不用品がたまる原因の一つは、「衝動買い」にあるのではないでしょうか。その商品に出合うまでは「買わなくては」とも「買いたい」とも思っていなかったのに、ひと目見て「欲しい！」となる。ろくすっぽ吟味もせずに買えば、失敗するのも当然です。

物を増やさないためには、そんな〝買い物衝動〟を抑える必要があります。買い物に出かけたときであれば、買うのをいったん保留して、ほかの店も見て回るか、後日出直すかするといいでしょう。時間とともに「買いたい」気持ちが弱まります。

厄介なのは、家にいながらにして好きなだけ〝はしご〟して買い物を楽しめる「ネットショッピング」です。「気に入らなければ返品すればいい」という気軽さも手伝って、次々と〝買い物かご〟に入れては購入ボタンをポチポチしてしまいがちなのです。とくに夜、お酒が入っていると、気持ちが大きくなるのでしょう。〝買い物衝動〟をセーブするのがいっそう難しくなります。

ですから基本、夜のネットショッピングはやめましょう。どうしてもやるなら「お酒を飲まない」「その場で買わずに一晩寝かせる」という二つのルールを守りましょう。

65

「買いだめ」を改める

――ストックは〝コンビニ任せ〟でいい

基本は「都度買い」

スーパーでよく、山盛りの買い物カゴを二段に載せて、レジに並んでいる人を見かけます。余計なお世話ながら、「そんなに買いだめしておく必要があるのか」と首を傾げます。「お買い得のときに大量に仕入れておきたい」気持ちはわかりますが、本当に家計の節約になっているのかどうか……。

というのも買いだめしていると、どうしても食べすぎやムダづかいをしてしまうし、使い切れずにゴミにしてしまう可能性もあるからです。

以前、京セラを創業した稲盛和夫《いなもりかずお》さんが、会社経営において「ストックを極力減らす」よう努めていると著書に書かれていました。そう決めたきっかけは、「お母さんが安いからと買いだめした野菜を食べ切れずに腐らせ、庭に穴を掘って埋めている姿を見た」ことだったといいます。「買いだめは結局高くつく」ことを学んだのでしょう。

いまはそこらじゅうにコンビニやドラッグストアがあります。多少割高かもしれませんが、そこを〝わが家のストック場所〟にしてはいかがでしょうか。買い物は必要なときに必要なだけ買う「都度買い」を基本とすることをおすすめします。

66

「紙」を減らす

――大事なのは、デジタルとアナログの使い分け

デジタル時代なのになぜ紙がたまるのか？

デジタル社会の進展を背景に、ビジネスの世界ではここ二十年、「ペーパーレス化」「ペーパーミニマム化」が進められています。「紙で運用されていた書類、資料などを電子化して活用し、業務の効率化やコスト削減を図る」ことが目的です。

ただ「かけ声の大きさほどは進んでいない」のが実情だと感じます。たとえば紙の資料が整理されないまま、デスク周りにぐちゃぐちゃ積み上げられているような、旧態依然とした「オフィスの風景」も、なかなか〝絶滅危惧種〟にはならないようです。

なぜなのか。おそらく紙には紙のメリットがあるからでしょう。私自身、庭のデザインでも本の原稿でも、最後のチェックは紙でやらせてもらっています。途中の工程とか、データ化して保存するといった場合はデジタルでいいのですが。

いずれにせよ大事なのは、「使い分ける」こと。デスク周りを整理してすっきりした気分で仕事を進めたいなら、可能な限りデジタルに切り替えて、ゴミを減らすのがいい。一方で、紙でやるほうが仕事が進めやすく、質の高い仕事ができるのなら、その部分は紙を残す。そんなふうに使い分けるのがいいかと思います。

67

「地球」をよごさない

――部屋も、職場も、自分の心もよごさない

「エコ」の意識は暮らしの質を高めてくれる

掃除を怠《なま》けて、部屋中にゴミが散らかっていたら、それだけで苛立ちが募ります。ゴミが心までよごしてしまうのです。また大量のゴミを出すのは、食品や物が大事に扱われていないことの裏返し。心も何かに蝕《むしば》まれている可能性があります。

大量消費時代が去ったいまは、地球環境のために「できるだけゴミを出さない」「ゴミになるものを使わない」というエコの意識を高く持つことが大切になっています。

たとえば私どもの寺では「生ゴミはできるだけ土に返す」よう努めています。洗剤がかかっていたり、油を含んでいるといった土に負担の大きいものを除いて、大きな樽などに入れておき、ある程度たまったところで地面に穴を掘って埋めるのです。やがて生ゴミが土に返ると土壌がふかふかになり、野菜や花がよく育ちます。

最近は大きなコンポストを設置するなど、マンションでも環境にいい試みが行なわれています。「エコ」の意識が、ゴミの少ないきれいな社会、質の高い暮らしを醸成し、ひいては人の心をもすっきり整えてくれるのです。

ゴミを増やすも減らすも、一人ひとりの心がけしだい。意識を高く持ちましょう。

68

急がば休む

——そのひとときで、仕事の質が上がる

できる人は「ひと休み」を入れるのがうまい

先般、ある会社に行ったら、社員が自由に使えるフロアが設けられていました。仕事に疲れたら、各階からそこまで下りてきて、ひと息入れるそうです。そういう時間を一日に二、三回入れると、仕事効率が上がりそうだと思いました。

個人差はありますが、集中力も根気もそう長い時間続くものではありません。時間がかかればかかるほど、処理スピードは落ち、仕事のクオリティも下がるものです。「休みなく働いているのに、なかなか終わらない」「時間をかけたわりには、いまひとつ成果が出ない」というようなとき、その原因は「適宜、休みを入れていない」ことにあるといえそうです。

結果を急いでいると、「休んでいるヒマなんてない」と思いがちですが、それは違います。休まずやり続けると、スピードは落ちていく一方。脳の働きも低下し、ミスが増えます。五分、十分でも休んだほうが、脳がリフレッシュされ、結果的に仕事のスピードも質も上がります。一時的に落ち込んだとしても、すぐに回復するのです。

根《こん》を詰めすぎず、ときどき「何も考えずにぼーっと休む」時間を設けましょう。

69

食事は「腹七分」でとどめる

――「あともう少し」のところでやめておく

〝早食い〟は体に毒

食べるスピードが速い人は、食べすぎる傾向があるようです。「もうお腹いっぱいですよ」という信号が脳にいく前に、「あともう少し」と食べてしまう。それが原因だそうです。

ということは、もっと「ゆっくり」食べれば、ちゃんと〝満腹信号〟をキャッチして、食べすぎを防ぐことができそうです。そのための一つの方法が、

「一口食べたら箸を置き、よくかむ」

のを習慣とすることです。

これなら、食べ物を呑み込む前に、どんどん新たな一口を口に入れるのを防げます。

正直に白状すると、かくいう私も、「食べられるときにサッと食べておかないと、いつお客様が見えるかわからない」こともあって、けっこうな〝早食い〟です。自戒を込めて、「ゆっくり食べて腹七分くらいで箸を置く」ことをおすすめします。

お酒も同じ。「あともう一杯」というところでグラスを置いたほうがいい。食べすぎ、飲みすぎが体に毒であることはたしか。上手に食欲・飲酒欲に歯止めをかけましょう。

70

「ご縁」を育てる

――それが「幸福の種」となる

損得勘定もたいがいにする

自分はどうするべきか、あれこれ考えて悩むことは多いでしょう。人生はそのくり返しともいえます。そんなふうに悩むときは、だいたいが複数の選択肢の間で心が揺れているものです。なぜ揺れるかというと、「二元論」で選ぼうとするからです。

具体的には、「儲かるか、儲からないか」「将来的に損か、得か」「評価されるか、されないか」「しっかり結果を出せるか、出せないか」「いい人脈ができるか、できないか」など、行動する前に「どんないいことがあるか」を〝値踏み〟するわけです。

はっきりいいましょう。やってみなければどうなるかはわかりません。

いちいち損得勘定をするより、「縁」に従うのが一番いいと、私は思います。

たとえば仕事は、いただいた順に引き受ける。条件のいい・悪いを問わず「先にいただいた」というご縁を大事にして一生懸命取り組んだほうが、物事はいい方向に進むものです。逆に条件がいいからと飛びついてもうまくいかない場合は多々あります。

なんであれ、いただいたご縁は、いうなれば「幸福の種」。大事に育てることで、やがてすばらしい実を結ぶのです。

71

四季を感じる

——自然がストレスを〝無毒化〟してくれる

都会であっても自然は息づいている

人間は古来、自然の摂理に沿って生きています。人間もまた自然の一部だからです。けれども文明の発展とともに自然が破壊されてきたことで、とくに都会の現代人は多くが自然と切り離された人工的な世界に暮らしています。それが一つの大きなストレスになって、心身の不調を引き起こしているように思えてなりません。

私たちはみんな〝自然児〟であることを再認識しましょう。そして休憩時間や休日には、四六時中空調のきいた部屋を飛び出し、自然に身を置くよう努めましょう。

都会であっても、一歩外に出れば、自然が息づいています。確実に春夏秋冬がくり返されています。冬は寒さを、夏は暑さを、秋は涼しさを、春は温もりを体で感じることができます。移ろう四季を映す草木や花々に心が癒やされます。みるみる生気が漲ってくることでしょう。

自然には、私たち人間が日常的にため込んでいるストレスを吸収し、〝無毒化〟してくれる作用がある。オン・オフを切り替える機能がある。日々、自分のお寺を含むさまざまな庭で長い時間を過ごす私は、そう実感しています。

72

坐禅を組んでみる

——心身の最高のリフレッシュ法

朝晩二回、たった十分でいい

私たち禅僧は日常的に坐禅をしています。坐禅は心を落ち着けたり、精神を鍛えたりすることができる最善の修行。だからこそ一般の人にも、坐禅習慣を持つことをおすすめしたいのです。

坐禅は「調身《ちょうしん》・調息《ちょうそく》・調心《ちょうしん》」といって、姿勢と呼吸と心を整えることを重視しています。「調身」とは、横から見て背骨がS字を描き、尾てい骨と頭のてっぺんが一直線になるよう、姿勢を正して座ること。また「調息」とは、一分間に三～四回程度のゆっくりとした呼吸をすること。この「調身」「調息」がうまくできれば「調心」、心が自然と整います。できれば坐禅会などに参加し、正しいやり方を覚えてください。

そうして朝晩二回、十分でいいから、坐禅の時間を持つといい。朝は心身の緊張がほぐれて自然と〝活動モード〟に入れます。夜は悩みや不安が消えてぐっすり眠れます。また仕事に行き詰まったり、少し疲れたりしたときなども随時、一人になれる場所を見つけて、坐禅をしてみてください。心身がリフレッシュされ、オン・オフのいい切り替えになります。もちろん仕事効率も上がります。

73

朝晩、手を合わせる

――自分と向き合う時間を持ちたい

仏さまと心のなかで会話する

坐禅と合わせて朝晩の習慣にしていただきたいことがあります。それは仏壇などの前で「手を合わせる」ことです。

私は朝一番にお湯をわかし、香り高いお茶を入れて、「今日一番のお茶ですよ」とお供えします。そして仏さまに手を合わせ、心のなかでこんなふうにお話しします。

「今日も無事、朝目覚めることができました。ありがとうございます。今日はこういう予定があって、こんなことをしようと思っています。がんばります。どうか一日を無事に過ごせるようにお守りください」

こういうひとときを持つと、心が整理され、今日一日に向かう元気が出てきます。

また夜寝る前も、同じように、「おかげさまで無事に一日を終えることができました。見守ってくださり、ありがとうございました」などと話します。

いまは仏壇のない家庭も多いかと思いますが、部屋の一角に仏像や故人の写真を飾るなどして、仏さまと心の交流をする空間を設けてはいかがでしょうか。朝晩手を合わせるこの習慣を持つことにより、心健やかに一日を過ごせます。

74

素のままでよし

――見栄を捨てると人生はラクになる

⑤自分は「自分以上でも以下でもない」

「人からよく見られたい、高く評価されたい」という願望のある人は多いでしょう。気持ちはわかりますが、根本が間違っています。なぜなら自分の行動基準が、「他人の目」

になっているからです。

もしそのために見栄を張っているとしたら、もっと問題です。ありのままの自分ではない、ウソで飾った自分を表現することになるので、真実と虚飾のギャップが大きくなるからです。やがて行き詰まるか、落ち込むか……いいことは何もありません。

このような〝よく見られたい願望〟が兆したら、こう自分にいい聞かせましょう。「自分は自分以上でも以下でもない」――。

誰かと比較してどうとか、世間の価値観はこうだからということを考えるのは一切やめて、「あるがままの自分」を見せていけばよいのです。何より、見栄を張って、自分の虚像をつくり上げるのは疲れます。「素の自分」で考え、行動したほうがずっと気楽だし、生き生きと行動できます。実像と虚像の切り替えは不要です。

75

歳を忘れる

――まだまだ老け込むのは早い

「六十の手習い」、大いにけっこう

誰もが等しく、歳を取ります。肉体的にも〝脳力〟的にも少しずつ衰えていくかもしれませんが、それは嘆いたところでしょうがない。

だからといって、気持ちまで「老け込む」のは禁物です。充実した人生を全うすることが難しくなるからです。年齢の数え方をこう変えましょう。

「六十を過ぎたら、気持ち的に一歳ずつマイナスして若返ろう」

たとえば六十五歳なら、気持ち的には五十五歳。七十二歳なら気持ち的には四十八歳、八十歳なら気持ち的には四十歳……といった具合に。

そうすると、新しいことにチャレンジする意欲が出てきます。「この歳でこんなことをしたら笑われる」とか「もう歳だからあれはやめよう」といった後ろ向きの気持ちが起きにくくなるのです。「七十歳といったって、気持ち的には五十歳なのだから、まだまだいける」というふうに思えます。

「六十の手習い」、大いにけっこう。人生は死ぬまで学び。新しいことに挑戦して、新たな学び・経験を積み重ねながら、自分を成長させていきましょう。

4章

禅語に学ぶ「切り替える力」

——すっきり生きる、ゆっくり生きるヒント

76

且坐喫茶

（しゃざきっさ）

――「まあ、座ってお茶でも飲みましょう」

カッカする頭を〝クールダウン〟させる法

「頭に血が上る」という表現があります。怒ったり、興奮したりすると、頭がカッカとして、わけがわからなくなることを意味します。

そんな状態のままでは、何をしてもうまくいくわけがありません。頭を一度クールダウンして、仕切り直す必要があります。

この禅語はそのための一つの方法として、

「お茶を飲んで、ひと息入れてはどうですか」

と教えてくれます。

とくに怒りっぽい人や、パニックに陥りやすい人は、「上手にひと息入れる」ことを覚えたほうがいいでしょう。心に余裕がないまま行動してしまうと、さらに余裕がなくなるという悪循環に陥ってしまうからです。

休む時間を惜しまず、ゆっくりお茶でも飲みながら、態勢を立て直す。それが、仕事を進めるうえで、一番効率的といえます。

まさにお茶は、「頭の切り替えをうながす妙薬」なのです。

77

直心是道場（じきしんこれどうじょう）

――「これも修行のうち」と考えてみる

⑤「誰かのせい」にしているうちはうまくいかない

この禅語にまつわるエピソードを一つ、紹介しましょう。

光厳童子《こうごんどうじ》という修行者が、仏教の奥義を極めたとされる維摩居士《ゆいまこじ》とバッタリ出会ったときのこと。童子が挨拶がてらに「維摩さま、今日はどちらに行かれていたのですか」と尋ねたところ、維摩は「道場から来ました」といいます。

「維摩は在家者なのに道場？」と不思議に思った童子は「どこの道場ですか」と重ねて尋ねると、維摩はこう答えました。

「真実の心も道場だし、心を定めて実行することも、道を追い求めることも道場です」

つまり修行をするのに特別な道場はいらないし、日々の営みのすべてが修行だ、ということです。

翻ってみなさんはどうですか？　たとえば仕事がうまくいかないとき、周囲から高く評価されないとき、環境が悪い、周囲の見る目がないなどと、何かの、誰かのせいにしていませんか？　維摩なら、こう喝破《かっぱ》するでしょう。

「もっとも大事なのは、ひたむきな心で取り組むこと。環境や条件は関係ない」

78

無一物中無尽蔵（むいちもつちゅうむじんぞう）

――失うものなんて、何もないのです

やがてみんな「ゼロ」に戻る

禅語に「本来無一物《ほんらいむいちもつ》」というものがあります。人はみんな、何も持たずに生まれてきます。まさに「無一物」だったのです。死んでゆくときも同じ。生前得たすべての物をこの世に置いて、「無一物」のままあの世に旅立ちます。

そう考えると、いまのポジションも、年収も、仕事の成果も、家も、洋服も、何もかもに対する執着が消えていくのではないでしょうか。

「すべてを失ったところで、人間の本来の姿に戻るだけ」

と割り切ることができます。

もっとうれしいのは、「無一物中無尽蔵」という別の禅語があること。「何もない」とはつまり、この先に無限の可能性が広がっていることだ、というのです。

みなさんも何かうまくいかないことがあっても、悩む必要はありません。

「裸一貫に戻るだけ。その先は何者にでもなれる可能性が開けている」

と心を切り替えましょう。

前を向いて、力強い一歩を踏み出すことができます。

79

白珪尚可磨（はっけいなおみがくべし）

——「いや、勝負はここからだ」と切り替える

「成長」に天井なし

禅の修行に終わりはありません。みなさんの仕事も同じでしょう。知識・スキルをどんなに磨いても、「もうこれで十分」とはならないはずです。なったとしたら、そこで成長は止まります。

むしろ「われながら、高みに達した」と思ったそのときが、さらに自分を磨く出発地点でもあるのです。

「白珪」とは、きれいな白い玉（宝石）を意味します。それも完全無欠の美しさ――これ以上磨きようがないくらい美しい。それほどに美しい宝石でも、さらに磨き上げていけば、もっと美しくなる。だからこそ、磨く努力を怠《おこた》ってはいけない。この禅語はそう教えてくれます。

仕事でも、スポーツや習い事でも、努力を続けて「このくらいでいいか」と妥協しそうになったら、「いや、ここからが勝負だ」と切り替えましょう。そうした心意気が、誰もが自分のなかに持っている「仏性」という美しい心をより輝かせることにつながるのです。

80

一笑千山青（いっしょうすればせんざんあおし）

――困難を「笑い飛ばす」

「悩みのモヤ」を晴らして前を見る

視界をさえぎるモヤを「あっはっは」と笑って吹き飛ばすと、目の前が開けて、青々とした緑豊かな山が見えてくる――文字どおりに解釈するだけで、なんとも豪快で、気持ちのいいイメージが広がります。

禅的には、「千山」は仏さまのメッセージを象徴するもの。「悟り切ってしまえば、目の前の世界が開け、すべてが生き生きと蘇る」ことを意味します。

たとえば何か困難に見舞われると、「こうなったら、どうしよう」と先々を悲観したり、過ぎたことを「こうすればよかった」と悔やんだりして、ネガティブ思考に陥りがち。その思考で自分自身を苦しめることになります。

そういうときは無理をしてでも「あっはっは」と笑いましょう。頭のなかをぐるぐる回っていた小さな悩みや不安が吹き飛び、モヤモヤが晴れます。やがて進むべき道がくっきりと見えてくるでしょう。

笑えば気分が変わる。見える景色が変わる。それこそが笑うことのもっとも大きな効果だと思います。

81

牛飲水成乳　蛇飲水成毒

（うしののむみずはちちとなり　へびののむみずはどくとなる）

――全部「自分」しだい

5「心がけ」が結果を大きく変える

この禅語は直訳すると、「同じ水でも、牛が飲めば乳になり、蛇が飲めば毒になる」。転じて「真理は一つだけれど、その解釈や作用は大きく変わる」ことを意味します。

仕事でいうと、たとえばあるプロジェクトがあって、A、B、C、三名にそれぞれ工夫して取り組むよう依頼したとします。果たして、同じ結果になるでしょうか。

答えは「否」。課題のとらえ方も、やり方も、結果のまとめ方も、すべてが三者三様ですから、同じになるはずはありません。

といっても三人が出した結果のうち、どれが正解かは問題ではありません。各自が請け負った同じプロジェクトで「乳」、いいかえればみんなの役に立つ結果を、いかに努力して導き出したかが大事なのです。

つまり同じ出会いも経験も、自分の心がけ一つでプラスにもマイナスにも変わる、ということ。私たちは何をするにも、「乳をつくる」気持ちで臨み、努力をしなければなりません。間違っても「世の毒、人の毒」になる行ないはしないよう注意しましょう。

82

深知今日事（ふかくこんにちのことをしる）

――未来は〝今日〟つくられる

過去を思わず、未来を憂えず

「悟り」と聞くと、自分たちには手の届かない遠いところにある境地のように感じるかもしれません。

けれどもそれは大きな誤解。「目の前にある」というのが、本当のところです。

だからこそ禅は、「今日という日に集中しなさい」と説きます。

私たちが常に心しておくべきは、「今日は過去の結果であり、未来は今日の結果である」ということです。

この考え方に立つと、すでに過ぎ去り変えることのできない過去のことでクヨクヨしたり、これから新たにつくられていく未来のことをあれこれ心配したりするのは、意味のないことだとわかります。

過去を引きずり、未来を憂えるようなときは、この禅語――「深く今日の事を知る」を唱えてみましょう。すぐに思考が「目の前のことに全力を尽くそう」というふうに切り替わるはずです。

83

大道在目前（だいどうもくぜんにあり）

——進むべき道は一つではない

5 大切なのは、「ゴール」を見失わないこと

趙州《じょうしゅう》禅師はあるとき、弟子から「どの道を行けば、長安《ちょうあん》に辿り着けますか」と尋ねられました。禅師は一つの道を指し示すかと思いきや、

「どの道を通っても、長安に着きますよ」

と答えられたといいます。

このエピソードを通して禅師は、「迷いを去って大悟するのに、この修行のしかたでなければいけないというものはない。どの道を行っても、しっかり修行して、真実を見る目を養えば、必ず大悟の境地に達する」と説いているのです。

何かに行き詰まり、自らの進むべき道がわからなくなったようなときは、まず「この道しかない」という思い込みを捨てましょう。そうすると視野が広がり、ほかにもさまざまな道があることに気づきます。一つの道がダメなら、ほかの道を行ってみればいいだけのこと。ゴールさえ見失わなければ、大丈夫です。

富士山にもいろんな登山口があるように、何事を成すにも一つの入り口にこだわることはありません。行き詰まったら、多様なアプローチを試みてください。

84

逆風張帆

（ぎゃくふうにほをはる）

――逆風も工夫で「前進する力」になる

5 風の角度を見極めて、帆の張り方を工夫して

「順風満帆《じゆんぷうまんぱん》」という言葉があります。ヨットが帆いっぱいに追い風をはらんで、ぐいぐい進んでいくように、物事が順調に運ぶ様を表現したものです。

では、逆風のときはどうでしょうか。

ふつうに考えると、ヨットも帆を閉じて、がんばってその場にとどまるか、ジワジワ後退していくか、どちらかのような気がします。

しかし現実には、逆風のときでも、ヨットを前進させることはできます。風の角度を見極めて、帆の張り方などを工夫すれば、ジグザグ航路をとりながら、前に進んでいくことが可能なのです。

同様に、人生においても逆風のときだからといって、前に進んでいくことをあきらめる必要はありません。工夫しだいで、逆風を順風に変えることも不可能ではないのです。

逆風だからと臆《おく》することなく、迎え撃つ気概を持って挑みましょう。

85

夏炉冬扇（かろとうせん）

――その経験は決してムダではない

誰しも「不遇の時代」はあるけれど——

夏に暖炉は不要です。冬に扇は不要です。

けれども季節が夏から冬になれば、暖炉なしには寒さに耐えられません。同様に冬から夏になれば、扇なしに暑さをしのぐことはできません。いまこのときに不要なものでも、季節が巡り、役立つときが必ず来るのです。

人間も同じです。

誰しも「不遇の時代」はあります。そういうときは持てる能力を発揮できず、悔しい思いをするでしょう。自分の描く将来にとって、ムダな経験をさせられているように感じるかもしれません。

けれどもそこで腐ったら、それまでのこと。自己研鑽を怠らず、なすべき仕事をコツコツとやっていれば、やがて自分の能力が必要とされる日はやって来ます。積み上げた経験を存分に生かせるときがやって来るのです。

「人生にムダな経験は何もない」と信じて、努力を続けましょう。

86

少水常流如穿石

（しょうすいのつねにながれていしをうがつがごとし）

――あなたの努力はいつか報われる

5 恐るべし、一滴の水の力

これは『仏遺教経』という、お釈迦さまが涅槃に入る前に遺した最後の教えをまとめた経典に出てくる禅語です。

「わずかな水の流れでも、絶え間なく流れ続けていれば、長い歳月を経て、硬い石に穴を開けてしまう」

という意味です。

私はこの言葉を聞くと、延べ一千万人が働いたという巨大なプロジェクト、黒四ダムを思い出します。何度もNHKのドキュメンタリー「プロジェクトX」で見ましたが、そのたびに「よくぞあれほどの難問に立ち向かい、一人ひとりの小さな力を結集して、事を成し遂げたものだ」と感動を新たにしています。

何か大きな壁が立ちはだかっていると感じるようなとき、この禅語を思い出し、「どんなに難しく、大変なことでも、日々努力を積み重ねていけば、いつか必ず報われるときが来る」

と信じて、少しずつでいいから前に進んでいきましょう。

87

随所作主　立処皆真

（ずいしょにしゅとなれば　りっしょみなしんなり）

――「常に主体的に取り組みなさい」

〝やらされ感〟から〝やりたい感〟へ

この禅語は、「どんなときも〝本当の自分〟を見失わず、主体的に行動しなさい。そうすれば常に正しく行動できます」という臨済《りんざい》禅師のお言葉です。

では、「主体的な行動」とは何でしょうか。それは、我欲のないまっさらな心が、自然の流れのなかで「縁」を感じて取る行動を意味します。誰かに強制されたり、周囲に迷惑をかけたりなど、無理をすることなくできることです。

これをモットーとすれば、たとえば仕事でもなんでも〝やらされている感〟なく取り組むことができます。「自分はやりたくないけど、上司にやれといわれたからやる」とか、「こうしたいけど、世間が否定的な目で見るからやめておく」というふうな制約を受けることから解放されるのです。

仕事に対する見方を、「誰かに命じられてやる」から「自分がやりたくてやる」に変換させましょう。そうすると〝やらされ感〟によるストレスが軽減されるばかりでなく、たとえ失敗したり、何か不都合なことが起きたりしても、人のせいにせず、自分の問題としてとらえられます。自分の人生を生きることができるのです。

88

諸行無常（しょぎょうむじょう）

——いいことも、悪いことも、いつか終わる

「流れ」に身を任せると人生は好転する

「諸行無常」は、仏教の根本思想の一つ。「この世で起こることは一切合切が、片時もとどまっていない」という教えです。

たとえば生まれた命は、日々刻々と変化しながら、やがて死を迎えます。

自分を取り巻く環境も、毎日の出来事も、常に変化しています。

ところが人間というのは、なぜか「変化」を受け入れるのが苦手です。うまくいっているときも、うまくいっていないときも「この状況がずっと続く」ように思い込みがち。「無常」に逆らう考え方をしてしまうのです。

しかし逆らおうと、どんなにジタバタしても、「無常」の流れを変えることはできません。それは真理だからです。ですからまずは「無常」を受け入れましょう。その流れのままに身を任せるのです。

そうして「諸行無常。いいことも、悪いことも、いつまでも続かない」と考えを切り替えた瞬間、物事はいい方向に向かっていきます。と同時に、いいこと続きで有頂天になることも、不運続きで落ち込むこともなくなります。心が穏やかになるのです。

89

莫妄想（まくもうぞう）

——〝妄想〟するなかれ

妄想は〝幽霊〟のようなもの

禅では、心に棲《す》みついて離れない思いはすべて、「妄想」と表現します。そして「莫妄想――妄想するなかれ」と説いています。

「妄想」と聞くと、「根拠なくつくり上げた信念」や、「ありえないことを想像する」といったことをイメージするかもしれませんが、少し違います。もっと広い意味で、たとえば将来に不安を感じたり、過去を悔やんだりするその漠然とした思いには実体がない、妄想に過ぎないということです。

人がクヨクヨするのは多くの場合、過去への悔いと将来への不安に駆られてのことではないでしょうか。それが実体のない妄想だとわかると、クヨクヨするのがバカらしくなってきますよね。

そんな妄想が始まったら、即座に〝クヨクヨ思考〟を停止し、その正体を見極める方向に切り替えましょう。なぜ不安なのか、なぜ苦しいのか、なぜつらいのか、なぜ落ち込むのか、その原因を突き止めて、「いま、何をするべきか」と考える。そうすれば気持ちを立て直して、元気に次の一歩が踏み出せます。

90

名利共休（みょうりともにきゅうす）

——名声や利得は水の泡と同じ

欲から「自由になる」思考法

「名利」――名声と利得を欲しがる気持ちを断ち切りなさいと、この禅語はいっています。いずれも手に入ればうれしいものですが、なぜダメなのでしょうか。

理由は、「名利」は「一度手にすると、なくすまいとする執着が強くなる」から。それればかりか、「もっと欲しい、もっと欲しい」と欲求を際限なくふくらませる性質があるのです。

さらに悪いことには、「名利」の上にあぐらをかいて、周囲に傲慢な態度を取ったり、お金儲けに血道を上げたりして、人望を失う危険もあります。そもそも「名利」などはかないもの。いつ失っても不思議はありません。

ですから大切なのは、「名利」を得ても、「執着」しないことです。いったん「ご褒美をいただいた」とありがたく受け取ったら、すぐに平常心に戻りましょう。あとは〝名利欲〟から自由になって、目の前のことに取り組めばいいのです。

ちなみに千利休の号は、この禅語からとられたといわれています。質素な茶室に美しさを見いだした利休は、その名に自身のあるべき姿を投影したのかもしれません。

91

行雲流水（こううんりゅうすい）

――ときにはすべてを天に任せる

もっと「肩の力を抜いた」生き方を

空に浮かぶ雲も、山間を行く川の水も、一つのところにとどまらず、自然の成り行きのままに流れていきます。しかも「そこにいた」という跡形もなく。

人もこのように肩の力を抜いて自然体で、また自らの足跡を残すことにこだわらず、清々しく生きられたら最高です。

現代人は少々、肩に力が入りすぎているように見受けます。とくに何か困ったことが起きたとき、事態を好転させねばと思うあまり、もがきにもがいてしまう。筋肉が柔軟に動いているようでいて、ムダな力が入るために体がかたまり、思考の柔軟性まで奪われます。バタバタしているだけで、いわゆる思考停止状態に陥るのです。

たとえるなら、海や川で溺れたときのようなもの。焦って「もがけばもがくほど、体が沈んでいく」ことになります。

そうなる前に、肩の力を抜いて空を見上げ、風に吹かれるままに流れる雲を眺めましょう。そして「運を天に任せる」ような気持ちになってください。やがて思考が動き出し、状況もいい方向へと変化していきます。

92

水急不流月

（みずきゅうにしてつきをながさず）

——〝雑音〟は無視する

ブレない〝軸〟を持つ

川面に映る月の美しい様を彷彿とさせる、この詩的な禅語には、こんなメッセージが込められています。

「川の流れがどんなに急でも、川面に映る月は流されない。いつもどおりに少しずつ、ゆったりと、東から西へと動いていく。そんな月のような〝不動の心〟を持ちなさい」

禅では、月はしばしば真理に譬えられます。幾千年の時を経ても、周囲の状況がどう変わろうとも、揺らぐことのない「信念」といいかえてもいいでしょう。

変化が激しく、また大量の〝情報シャワー〟を浴びる現代にあって、この川面の月のような不動心を持つことは難しくなっているような気がします。つい流行に乗って自分を見失ったり、周囲の雑音に惑わされて生きにくくなったり。自身の信念を形成する軸がブレる危険がいっぱいなのです。

もし「時代の変化」に流されそうだと感じたら、また「周囲の雑音」に自分の信念がかき消されそうだと感じたら、「川の急な流れもどこ吹く風」と微動だにしない月の姿を思い出してください。きっと心のざわつきが静まります。

93

他不是吾（たこれわれにあらず）

――「自分がやらなくて誰がやる」

自ら「成長の芽」を摘んでいませんか？

直訳すれば「他人は私ではない」――当たり前のことですが、この禅語の背景にある次の「若き道元の体験談」を知ると、心にぐさりとささります。

道元が中国に渡り、天童山の如浄《にょじょう》のもとで修行を始めたころのこと。夏の日盛り、年老いた典座《てんぞ》（食事を担当する僧）が汗だくになって、敷瓦《しきがわら》の上で椎茸《しいたけ》を広げて干していました。

道元は思わず「どうしてあなたのような年老いた方が、そんなにきつい作務をされているのですか？　若い人にやらせればいいのでは？」と声をかけました。

老典座の答えは「他是れ吾にあらず」。つまり「他人は私ではない。私がこの作務を通して修行をしている。人に任せたのでは修行にならない」というものでした。

ときに「そんな雑用は自分の仕事ではない」などと不満をもらす人がいます。もっと高度な仕事こそが自分にふさわしいと思っているのでしょうが、そんな態度は不遜でしかありません。それればかりか、自ら成長の芽を摘んでいるようなもの。どんな仕事も引き受けるからこそ、自身を成長させることができるのです。

94

無功徳（むくどく）

――お世話は〝しっぱなし〟でいい

〝下心〟は捨ててしまいましょう

「達磨無功徳《だるまむくどく》」と呼ばれる禅問答があります。紹介しましょう。

お釈迦さまから数えて二十八代目の法孫《ほうそん》、達磨大師が法を広めようと、インドから海路、中国へ渡ったときのことです。当時の中国は、梁《りょう》の武帝の時代。達磨大師は仏教への信仰の篤い帝王に宮中に招かれました。そこでこんな問答が行なわれました。

「朕《ちん》、即位以来、寺を造り、経を写し、僧を渡すこと挙げて記すべからず、何の功徳か有る」

達磨応えて曰く「無功徳」——。

武帝は内心では「これだけ功徳を積んだのに、功徳などないとはどういうことか」と不満に思ったことでしょう。なぜ達磨大師は「無功徳」といったのか。それは、「自分のしたことを周囲に触れ回ったり、見返りを求めたりするようでは、真の善行とはいえない。見返りを求めない無の心、真心からの祈りあっての信仰である」からです。

仕事であれ、なんであれ、見返りを求める〝下心〟があっては、うまくいくことは何もありません。「結果は後からついてくる」と心得ましょう。

95

真玉泥中異（しんぎょくでいちゅうにいなり）

——落ち込むのは「後回し」にする

「自分はダメ人間だ」と思ったときは……

「本物の宝石は、たとえ泥のなかにあっても、その輝きは失われない」と説くこの禅語から受け取るべきメッセージは、

「私たち一人ひとりが持っている本来の輝きは、どんな状況でも色褪《あ》せることはない」

ということです。

いま置かれている状況に不満がある人は少なくないでしょう。わが身の不運・不遇を嘆く人もおられるかと思います。

けれども、それによって「自分はダメ人間だ」などと落ち込む必要は、まったくありません。

誰もが内包している「仏性」は、どんな状況でも常に輝いているのです。落ち込むのは後回しにして、いまこの瞬間、自分には何ができるのかを考えましょう。

そういう姿勢で目の前のことに力を尽くせば、やがて状況が好転し、自分本来の輝きが〝目に見える形〟で蘇ってきます。自己嫌悪に陥りそうになったら、ぜひこのことを思い出してください。

96

山是山　水是水

（やまはこれやま　みずはこれみず）

――あなたは誰とも比べようがない

山は山、水は水、自分は自分

山は水になれないし、逆に水が山になることはできません。山が山としてあり、水が水としてあるからこそ、自然は調和が取れているのです。

人間もそう。自分に本来備わっている個性に従って、自分がやるべきこと・やりたいことをする。それが、自然と調和して生きることにつながるのです。

そういった観点に立つと、ほかの人と自分を比べてうらやんだり、妬んだり、自己嫌悪に陥ったりするのは自然の摂理に反しているといえます。高尾山が富士山を見て「いいなあ、背が高くて、姿が美しくて」と妬んだりしないでしょう？

人の優れているところばかりに目がいくと、自分にしかない長所や、自分にしかできないことを見いだす目が曇ります。結果、自分らしい生き方を見失うのです。

もう比較するのはやめましょう。妬みが消えたとき、自分は何が得意で、何が苦手なのかがはっきり見えてきます。あとは、自分の得意にフォーカスするのみ。苦手なことは得意な人に任せればいいのです。そうすれば、自分の持つ〝山は山、水は水〟的な個性を際立たせて生きていけます。

97

狗子仏性（くしぶっしょう）

――わかるときまで放っておく

「正解のない難問」にどう向き合うか

臨済宗の修行では、「公案」と呼ばれる、いわゆる禅問答に重きが置かれます。その公案のなかでも代表的なのが「狗子仏性」という禅語にまつわるものです。

ある修行僧が趙州和尚に「犬に仏性はあるのか」と尋ねたとき、趙州はひとこと、こう答えました。

「無」――。

仏教では、「一切衆生《いっさいしゅじょう》悉有《しつう》仏性《ぶっしょう》――すべてのものに仏性がある」としているので、ふつうに考えれば答えは「有」になります。

ではなぜ、趙州和尚は「無」と答えたのか。その意味するところは、おそらく、

「あるか、ないかを判断すること自体が、現実に執着している証拠。悟りには遠い」

ということでしょう。

何が何だかわかりませんよね。それでいいのです。もともと公案には正解などないも同然ですから、「悟る」機が熟すのを待つしかありません。それまで考えに考え抜くこと。それが「悟り――物事の真理が肚に落ちる」のに必要なプロセスなのです。

98

閑古錐（かんこすい）

――歳を取るのも悪くない

⑤ 老いは〝いぶし銀〟の輝きをまとう

五十歳を過ぎるころからでしょうか。「歳を取るのはイヤだなあ」と思う一方で、「まだまだ若い者には負けたくない」という思いも強くなるような気がします。

けれどもどんなにジタバタしても、毎年一つずつ、年齢を重ねます。そこはもう、あきらめましょう。そのうえで、気持ちも新たに、「閑古錐」の道を進むことが大切です。

「閑古錐」とは、使い込んだ古い錐のようなもの。使い込むにつれて、先が丸くなり、切れ味が鈍ってきますが、手に馴染んで自由に使いこなせるようになります。熟練者のワザが切っ先の劣化をカバーしてあまりある成果を上げるのです。

年齢を重ねるにつれて、蓄積してきた経験は豊富になります。それだけ行動力、判断力、洞察力が磨かれ、ワザは熟練の域に達します。体力や勢いでは負けるかもしれませんが、若い人にはとても真似のできない円熟味が出てくるのです。

そう考えれば、老いるのも悪くないと思えてきませんか？　年齢とともに「ベテランの力」が上がるととらえ、どっしり構えていればいいのです。

99

自灯明　法灯明

（じとうみょう　ほうとうみょう）

――自分を信じる

❺信じるに足る自分をつくっていく

この禅語は、お釈迦さまが入滅される間際に遺したとされるもの。弟子が「これから何を道しるべに生きていけばいいでしょうか」と問うたのに対し、お釈迦さまは、「私がいなくなっても、私の教えは遺るよ。真理を拠りどころにして、自分の行ないが善であったか、不善であったか、心に問いかけ続けなさい」

とおっしゃったのです。

「自灯明　法灯明」の「自」は自分自身、「法」は教えを意味します。これは「自分がこれまで経験したことや、学びにより修得した知恵を信じ、自分を拠りどころに人生を歩んでいきなさい」ということです。

なんと深いお言葉であることか……。「本質を見る目」がないと、他者に惑わされてしまう。そうならないようにしなさい、という戒めでもあります。

自分自身を拠りどころとできるよう、まずは「どんなものにも惑わされない」本質を見る目を養うこと。そして、信じるに足る自分自身をつくっていくことが、何よりも大切なのです。

本書は、本文庫のために書き下ろされたものです。

枡野俊明（ますの・しゅんみょう）
　1953年、神奈川県生まれ。曹洞宗徳雄山建功寺住職、庭園デザイナー、多摩美術大学名誉教授。大学卒業後、大本山總持寺で修行。禅の思想と日本の伝統文化に根ざした「禅の庭」の創作活動を行ない、国内外から高い評価を得る。芸術選奨文部大臣新人賞を庭園デザイナーとして初受賞。ドイツ連邦共和国功労勲章功労十字小綬章を受章。また、2006年「ニューズウィーク」誌日本版にて「世界が尊敬する日本人100人」にも選出される。近年は執筆や講演活動も積極的に行なう。
　主な著書に、『人生を好転させる掃除道』（三笠書房）、『仕事も人間関係もうまくいく放っておく力』『仕事も人生もうまくいく整える力』『心配事の9割は起こらない』『小さな悟り』『上手な心の守り方』『リーダーの禅語』（以上、三笠書房《知的生きかた文庫》）などベストセラー・ロングセラーが多数ある。

知的生きかた文庫

仕事《しごと》も人間関係《にんげんかんけい》もうまくいく引《ひ》きずらない力《ちから》

著　者　枡野《ますの》俊　明《しゅんみょう》
発行者　押鐘太陽
発行所　株式会社三笠書房
〒一〇二―〇〇七二　東京都千代田区飯田橋三―三―一
電話〇三―五二二六―五七三四〈営業部〉
　　〇三―五二二六―五七三一〈編集部〉
https://www.mikasashobo.co.jp
印刷　誠宏印刷
製本　若林製本工場

ISBN978-4-8379-8875-5 C0130